thinkin' tank

thinkin' tank

thinkin' tank

thinkin' tank

金錢的真理

35歲後
不再為錢工作
邁向財務自由
「秒賺一億的男人」
34個致富心法

The Real Truth about
Money

與澤翼 著　黃薇嬪 譯

thinkin' tank 002

金錢的真理

35歲後
不再為錢工作
邁向財務自由
「秒賺一億的男人」
34個致富心法

作　　者　與澤翼（与沢翼）
譯　　者　黃薇嬪
編　　輯　冷鹽狂人
主　　編　林昀彤
封面設計　周家瑤
美術設計　洪素貞

出　　版　拾青文化／遠足文化事業股份有限公司
發　　行　遠足文化事業股份有限公司（讀書共和國出版集團）
地址：231新北市新店區民權路108之2號9樓
電話：（02）2218-1417　傳真：（02）8667-1065
電子信箱：service@bookrep.com.tw
網址：www.bookrep.com.tw
郵撥帳號：19504465 遠足文化事業股份有限公司
客服專線：0800-221-029
法律顧問　華洋法律事務所 蘇文生律師
印　　製　呈靖彩藝有限公司
初　　版　2021年1月20日初版一刷
2024年2月2日初版五刷
定　　價　390元
I S B N　978-986-99559-2-8 書號 2LTT0002

歡迎團體訂購，另有優惠，請洽業務部（02）22181417分機1124

國家圖書館出版品預行編目資料

金錢的真理：35 歲後不再為錢工作，邁向財務自由，「秒賺一億的男人」34 個致富心法 / 與澤翼（与沢翼）著；黃薇嬪譯. -- 初版. -- 新北市：遠足文化事業股份有限公司拾青文化出版：遠足文化事業股份有限公司發行, 2021.01
336 面；14.8*21 公分
ISBN 978-986-99559-2-8(平裝)

1. 個人理財 2. 財富 3. 成功法

563　109019332

推薦序

有錢人與你的差距，不只是年收，心態才是關鍵！

Mr. Market 市場先生／財經作家

過去我曾經看過超過百本關於投資理財與財務的書籍，但看完本書後我仍是覺得印象深刻，而且深受幫助。

本書和絕大多數的書籍不同，作者在談到關於金錢時，他並不是談一些技巧或理論，談的更多是人生的經驗、自己曾犯的錯，以及對周遭的觀察，從中所得到的體會。藉此我們可以看到一些更貼近生活的經驗，也可以從中看到作者對金錢與財務本質的理解。

有錢人想的真的跟你不一樣！

大多數的書籍，通常都是教你一些技巧或方法，例如怎麼存錢、各種金融商品的知識、投資的方法。

但很少有書會告訴你一些沒有標準答案，或是看起來理所當然，卻可能嚴重影響財務的事情，例如：

- 盡量省錢好嗎？不一定，省錢不是壞事，但低於一定限度就是壞事。
- 多增加人脈，對自己的財務是好事嗎？答案是否定的，百分之九十九的人脈都是讓你多花錢而沒任何收入。
- 該貸款買房嗎？萬萬不可，無法一次付現買的東西，就是不適合自己的東西。

諸如此類，看似沒有標準答案的問題，作者對這些問題都給出了很明確的答案，以及背後的理由。

可能你會有疑惑，怎麼跟我們平常認知不同？

大多數人的做法與認知似乎也和作者說的相反，甚至你可能會認為作者比較偏激、或覺得他已經很有錢才說這些。

的確這些看法不一定適用所有人，但有部分是我自己親身體驗過的經驗，因此對作者所說大多數想法都是非常認同的。

經驗是最好的老師，但你不用親身踩坑！

有句話說：「經驗是最好的老師，只是學費太貴了。」很多事情看似難有標準答案，而且也不容易從一般書籍或是能從身旁的人學到，唯有自己體驗過，才能得到一些結論。

從錯誤中學習往往代價過於巨大，但有些事情，我們卻也沒有其他更好的學習管道。如果能從別人身上學習到這些經驗，其實就代表我們不需要再親身踩一次坑。

本書帶給你的不是什麼困難的專業知識，也不談任何艱深的術語或理論，而是一個在財務上經歷過巨大起伏，最終取得財務成功的人，分享他自身對於金錢與財富的真實經驗與體會。

很少有關於財務的書籍，能夠整本都是作者的人生經驗談，看完本書，只要能幫助我們人生在金錢上少犯幾個錯誤，遇到類似情境的問題時提早警覺，我想就絕對值回票價了。

—推薦序—

億萬富翁的「八二三」金錢觀

花錢八分飽、存兩年預備金、有三年軍費再賺錢

「效率理財王」版主／余家榮

這是一本關於金錢基礎觀念的書，適合多數上班族與想要創業的人，作者與澤翼從三大方向跟你分享他對於金錢的經驗談：

一、花錢：八分飽的幸福

本書作者是淨資產高達七十億日圓的企業家，歷經過住豪宅、開名車、穿戴名錶或名牌精品，而且美女環繞的奢華生活後，他發現花錢的欲望是沒有盡頭的，因此從一開始就不該引燃那無限的欲望。作者推廣「八分飽」的幸福：愛物惜物，與單一對象交往，定期旅行，就能夠感受幸福。擁有足夠的愛、食物、社交生活，都是促進你成長不

可或缺的能量，除了這些必要的人事物之外應該全部捨棄，面子不值半毛錢，也用不著希冀得到所有人的稱讚，只要身邊的人懂你，就是最理想的八分飽狀態。

二、存錢：緊急預備金

作者是一名成功的創業者，但他一開始不是教你如何找客戶、建立品牌，他說你要先存錢。存多少呢？兩年不工作也沒問題的緊急預備金。遇到疫情或景氣影響收入，許多人怨聲載道，但作者說本來就不可能每年都順風順水，而你可以事先做好準備。先存下這筆緊急預備金，接下來才能談賺錢。

三、賺錢：先存軍費

假如已經存夠緊急預備金，那要賺錢的第一步是什麼呢？還是存錢！你應該存下三年可支配所得當作你的「軍費」。例如，你每年可以存三十萬元，那目標就是要先存九十萬元。軍費指的是用來增加未來收入的錢，也就是你賺錢的本金。用途有兩大塊：投資與創業。投資可以拿去買股票、基金、房地產等。創業可以用來採購商品，或是當作網站的外包費。

想創業，先從副業或兼職開始吧！

關於財務自由，作者建議：等你每天花一到兩個小時的副業或投資成果能夠超過公司薪水，這時候你才有資格考慮辭職。那麼，副業有哪些可以做的呢？

自由接案賺錢是最佳選擇。你可以一邊繼續公司的工作，一邊利用下班和假日時間從事副業、兼職。例如：當中間商，高價轉賣低價採購來的商品；當部落客寫文章賺聯盟行銷收入；提供影片編輯服務；當程式設計師替客戶寫軟體、架設網站；還可以開設線上收費課程，例如攝影、寫作、咖啡教學等。尤其受到全球疫情影響，今後遠端工作、線上教育、遠距醫療、在家消費的需求將會愈來愈多。

羨慕作者現在的財務自由嗎？書中還詳盡介紹了許多花錢、存錢與賺錢的原則，跟著他一步步執行吧！作者說大多數人都沒在準備未來要使用的「軍費」，因此即使過了五年、十年、二十年，仍然過著相同的人生。你想改變？就從今天開始行動吧！

前言

撰寫本書的當下（二〇二〇年四月），全球新冠肺炎（COVID-19）肆虐，股價大幅下跌，直逼金融海嘯時期。而且為了防止疫情擴大，飛機禁飛、活動停辦、餐飲店暫停營業，甚至連東京奧運[1]和杜拜世界博覽會[2]都被迫延期，全世界每天都在研究如何對抗病毒。這些手段激烈的預防措施造成經濟活動嚴重停滯，已經有企業因此破產倒閉。諸多亂象讓人感覺全球經濟彷彿即將瓦解。

全球化經濟的前提，就是人與貨物的跨國往來。國境封鎖讓所有企業活動受到嚴格限制，因此多數企業都處於業績惡化的狀態。彷彿電影裡才會看到的末日世界突然出現在我們面前。

1 二〇二〇年夏季奧運原定二〇二〇年七月二十四日至八月九日於日本東京舉行，因新冠肺炎疫情肆虐全球，國際奧林匹克委員會與日本政府決定延期至二〇二一年七月二十三日至八月八日。

2 二〇二〇年世界博覽會原定二〇二〇年十月二十日至二〇二一年四月十日於阿拉伯聯合大公國杜拜舉行，因疫情影響，延期至二〇二一年十月一日至二〇二二年三月三十一日。

處於這種嚴峻的大環境下，我們能夠採取的回應有兩種：一種是看著電視或新聞，祈求狀況能夠改善並持續袖手旁觀；另一種是反過來把現在當成重新來過的好機會，從根柢重新審視自己的「過去」並展望「未來」。換個方式思考，危機就有可能變成轉機。

請各位冷靜想想，人類原本就經常因為病毒或細菌等而面臨生病的風險。美國在新冠肺炎肆虐之前，就有一萬兩千人死於流感。綜觀人類的歷史，人類還經歷過天花、霍亂、肺結核、瘧疾、西班牙流感、禽流感等各式各樣的傳染病造成的瘟疫。

除了病毒之外，還有地震、海嘯、颱風、洪水等人力不可抗的天然災害，以及空難、交通事故死亡，甚至還有高齡者開車突然失控撞進人行道或餐廳等。新冠肺炎在日本爆發之前，才發生過一般住宅區路旁的斜坡突然崩塌，掉落的土石壓死十八歲女高中生的意外（二〇二〇年二月五日，發生於日本神奈川縣逗子市）。

人只要活著，無論如何，即使什麼也不做，也不可避免要與死神為鄰。這個事實今後也不會改變。因此，死亡風險就像體內存在的壞菌，是人類天生就有的風險，就算是億萬富翁也無法讓這個風險歸零。經濟上的虧損風險也一樣，就算你自認已經爬上了頂點，也可能在意想不到的地方突然摔下來。

也就是說，虧損和死亡的風險對每個人來說都無法避免，都是包含在人生內的元素之一。

與風險和睦共處，找出生活中的低風險選項

既然風險無可避免，想要完全沒有風險可說是癡人說夢。就連在家睡覺都有可能發生地震，所以人生打一開始根本就不可能零風險。因此，我認為採取「與風險和睦共處」的態度才正確。談到錢，如果收入有可能因為疾病或景氣惡化而減少，那麼事先做好準備很重要。**預設危機造訪時如果沒收入該怎麼因應：首先必須存下兩年不工作也沒問題的緊急預備金。接下來才是賺錢。**

但困難的是，我們在生活順風順水時，很難想像沒有收入的情況。但現實就是，很多人因為這次的疫情影響，遭遇了人生中想都沒想過的谷底。這次的疫情可說是上天給予的考驗，是為了讓我們今後在這一世紀能夠活得更堅強、長更久。

現在最重要的是，學會與必然存在的風險和睦共處。直到人生結束為止，我們要對抗的不只是這次的疫情，類似的考驗今後還會發生很多次。要想與風險和睦共處，最重

要的就是你「選擇了什麼」。

舉例來說，假設從東京前往名古屋的交通方式有「搭乘新幹線」、「搭高速巴士」、「搭朋友的車」這三個選項。其中風險最低的是搭乘新幹線；東海道新幹線[3]自一九六四年啟用以來，不曾因為列車運行問題發生事故。另一方面，我想各位對高速巴士意外應該時有所聞；二〇一六年輕井澤滑雪巴士曾經發生嚴重的翻車事故，四十一名乘客與司機中有十五人死亡。即使只在新聞看過，各位也知道巴士發生意外的頻率很高，其風險如何不辯自明。朋友開車當然也是，朋友既不是專業駕駛，而且考慮從東京開到名古屋的距離很長，發生事故的危險性當然遠遠高過新幹線。

就像這樣，日常生活中有許多面臨選擇的時刻。風險經常被一概而論，但其實有許多「低風險」的選項，可以達成同樣的目的。賺錢也是同樣的道理；二話不說就開實體餐廳，風險自然很高，從網路部落格開始的話，風險就沒那麼高，前期投資也不會花很多錢，如果中途想要退出，也花不了什麼成本。我想說的是，假如你的目的不是開餐廳而是想賺錢的話，可以考慮其他低風險的選項。

後疫情時代＝階級翻轉的全新契機

我認為現今讓全人類陷入困境的新冠肺炎疫情，就是對所有團體、國家、企業、個人的自然淘汰考驗。但是，存活下來的人就能成為下一個時代的英雄嗎？沒那麼簡單。如果只需要存活下來，許多人和企業都能辦到，**問題在於後疫情時代全球的「貧富差距」愈發顯著。**有些人恢復較慢，有些人就此衰退一蹶不振，也有人取而代之成為抬頭的新興勢力。此時最重要的是，以此次疫情為契機，一定可以發掘出以往沒發現的潛在需求。

一方是逐漸凋零的昔日英雄，另一方則是逐漸抬頭的明日英雄，舊世代的英雄與新世紀英雄間的改朝換代即將來臨。那麼，你現在應該做什麼呢？沒錯，**你現在的決定將大幅影響你接下來十年的人生。**也就是說，眼前的問題沒有那麼簡單，並非只要勉強撐過眼前的困境就好，當下正是左右你今後人生的重要時期。

千萬不能逃避。現在正是重新審視一切的機會。一個新時代的開始，必然會面臨前

3 連接東京站與新大阪站的新幹線路線，是日本第一條高鐵路線。

一個時代的結束。在結束的過程中，有的公司、個人、國家會消失。這世上的一切都不能保證永遠存在、萬代繁榮，然而正是舊一代的毀滅催生了全一代的創生。在既有的權利與過去的成功者逐漸凋零的同時，也孕育著下一個時代的新生命。

本書寫的是我對金錢與人生的「真心話」。獻給決心成為新一代英雄的所有人。

與澤翼

金錢的真理

✳

目錄

第1章 ✱ 何謂「金錢」？

第2章 ✳ 守住財富

第3章 ✴ 創造財富

第4章 ✳ 增加財富

第5章 ✳ 讓錢愛你的生活方式

お金の真理

序章

我從那段「縱慾歲月」學到的事

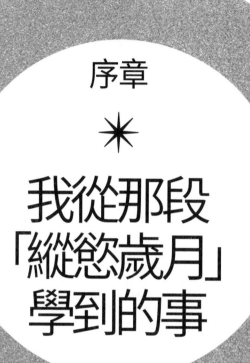

成功者的基本條件

致富心法 1

遠離欲望的無底黑洞

接下來我將把自己過去的經歷，在有限的篇幅內盡可能在本書與大家分享。其中包括了許多失敗的例子，或許大家比較難從中找到成功的範例。老實說，我前幾天才剛賣掉部分股票停損，這次賠了兩億日圓。這個金額不是未實現虧損，而是實質的已實現虧損。

我對於金錢的哲學，全都來自我自身諸多實際的失敗經驗。我想，把我的失敗經驗鉅細靡遺地分享給大眾，並將這些失敗帶給我的深刻教訓告訴大家，才是傳授我所領略到的「金錢的真理」最好的辦法。

拿起這本書的你一定很在乎錢，想必平常老是在想要怎樣才能成為有錢人。為了回應諸位的期待，我認為自己應該毫無隱瞞地寫出「真心話」。在此，我必須先聲明我過去有不少不光彩的歷史，或許會令各位讀者感到不悅，還請多多包涵。

砸錢買高檔車，錢就成了「死錢」

接下來我想請你一起模擬體驗我的人生。

電視等媒體會定期介紹我在杜拜的海外生活，看到我生活在各國大量置產的豪宅內的模樣，你或許會心想「與澤這個人花錢還是一樣不手軟呢。」如今或許還是有很多人認為我是拜金主義者。

我的確認為錢很重要，也對金錢抱持敬畏的態度。

但是，現在的我與拜金主義者完全扯不上邊。

拜金主義是把滿足物慾、情慾、對名利的渴求視為第一優先。有這類想法的人想要成為有錢人，住進摩天大樓頂層，出入有名車代步，跟知名女明星交往。

這個人如果是經營者，就會想要成為上市企業老闆，在市中心最貴地段蓋豪宅，跟藝人結婚，建立龐大組織並凌駕於眾人之上，贏得名聲或成績，受到無數人的吹捧。

但這種想法是一種危險的欲望，因為它會使人無視本質上的關鍵，變得短視近利。繼續這樣下去，財富一定會遠離你。**你愈努力想要打腫臉充胖子，就愈是會失去財富。**這也是我親自體驗過的事實。對，前面提過的所有欲望，我以前全都有過，然後我的下場就是破產。

因此，現在的我完全沒有這類欲望。我猜一直以來追蹤我社群網站的讀者接下來可能要反駁了，所以我趕快先招供：沒錯，我目前仍然擁有勞斯萊斯和法拉利。

但那些車是二〇一六年四月購買的，已經開了四年，而且一整年裡只會開上幾次，目前放在杜拜當裝飾品。在曼谷新買的車只有用來載老婆小孩的豐田 ALPHARD，我的手錶也全是別人送的禮物。現在的我對珠寶飾品、豪奢精品、知名度與名聲、美女伴遊之類的，已經一概不感興趣了。

六年前，也就是二〇一四年的春天，我解散了當時經營的公司，幾乎身無分文，從零開始在海外建立了如今的資產。我最先移居到新加坡，接著搬去杜拜。當時是二〇一五年到二〇一六年初，那時期的我的確多少還留有在日本時的物慾與散財惡習、低水準的欲望與壞習慣。

但是，如今的我由衷認為過去花在高檔車與豪奢名錶上的所有錢都是「死錢」。已經做過的事無法挽回，為了避免忘記自己得到的教訓，我決定現在的車子要開到壞掉為止才換車。我不再把東西賣掉變現然後忘記，而是改變習慣，盡可能地愛物惜物，延長物品的使用期限。

後來的四年，我連一輛高檔車都沒買，這幾年的想法也有了急速的改變。

提到這幾年發生的事情，我能想到的只有我那個三歲兒子的出生。可以說，那孩子的出生為我的生活方式帶來了很大的影響。

人的欲望沒有界線，並非所有欲望都要滿足

至於我為什麼一直強調高檔車、高級手錶，因為這些都是浪費錢的代表。正如本書開頭所說，為了告訴各位我領略到的「金錢的真理」，我必須與各位分享自己從過去經驗中學到的一切。

根據這些經驗，我可以告訴你：當男人沉迷於高檔車與豪奢名錶、女人沉溺於名牌精品與美容整形之時，這個人今後就不會再進步了。

沉迷於其他類似的高檔嗜好、奢侈品也一樣。原因在於，**人的欲望沒有盡頭，它會逐漸扭曲變形，像黑洞般無邊無際，最後成為怎麼也無法滿足的無底深淵。你會產生嚴重的錯覺，明明不需要的東西卻會認為自己非需要不可。**

此時如果你任由欲望擺布，首先瓦解的就是你的心靈，緊接著你的財富將隨之見底。所以，從一開始就不該貿然引燃那無限的欲望。當一個人未曾見過欲望的盡頭是什麼模樣，就能甘於樸實的幸福。然而一旦點燃了欲望的導火線，想要中途喊停就沒那麼容易了。舉例來說，各位曾在電視上看過不斷美容整形、已經看不出原本面貌的人，還有每半年就換新車，不知換了幾輛高檔車還洋洋得意的人吧？那就是欲望變成黑洞的狀

態。我認為再怎麼有錢，都不應該做出這些行為。

這些人為了追求新刺激與虛幻的理想，腦子逐漸麻痺陷入錯亂；到手的東西立刻就厭膩，這狀態就跟永遠無法饜足的活屍一樣。到了這個地步，就算再得到新的人事物，他們也永遠不會滿足。冷靜思考的話，每個人應該都能夠理解欲望的黑洞有多危險，而一旦自己成了當事人，任何人都有可能陷入那樣的危險。

我想沉迷於毒品應該也是同樣的情況。因為找不到滿足的臨界點，所以無法戒除。看到民眾在茶餘飯後討論的那些吸毒成癮者，往往是活躍於各界、令人羨慕的天之驕子，就知道這些人也是落入了相同的陷阱。人在登上成功頂峰的途中會遇到的風險之一，就是名為「欲望」的黑洞。

我的結論是，個人沒有極限的欲望從一開始就沒有必要去理會，因為你能得到的只不過是一文不值的「自我滿足」。不去靠近危險的黑洞，自然不會產生不好的影響。

有錢人花出去的每一筆錢，都是為了帶來新的收入

我現在的年收入，換算成日圓的話，大約是五億到十五億日圓（約新台幣一億三千

多萬到四億元）的程度。金額之所以不是固定數字，原因在於自營業本來就收入不定，再加上不同年度的投資收益也有很大的落差。

現在我個人在曼谷每個月的開銷大約一萬泰銖（約新台幣九千元），相當於三萬五千日圓。主要的用途是每天在住家附近的便利商店購買一杯四十五泰銖（約新台幣四十元）的咖啡。每個月我從銀行領出一萬泰銖，晚上完全不去聲色場所，只靠著這筆錢過一個月。這筆錢恐怕比大多數閱讀本書的讀者一個月的零用錢還少。

各位在電視媒體看到我的奢華生活，其實只是娛樂效果，不過是我日常生活的一小部分。在攝影機前刻意大手筆花錢，大多是為了製造節目效果。之所以這麼做，是因為人們喜歡看鋪張奢華的場面。我的經驗告訴我，這類矚目對於我今後中長期的經濟發展有好處；畢竟現在是社群網站的全盛時期，無論你喜歡或不喜歡，這股潮流今後仍會繼續增強。在這種情況下，社會大眾都認得你固然有不少壞處，但排除這些壞處之後，結果仍是利大於弊。

比方說，拿起這本書的你或許就曾在電視或 YouTube 看過我。很有可能就是因為你在社群網站或電視上看過我，才會想要讀這本書。

總結來說，我根據過去上過許多電視、報章雜誌、廣播節目、網路媒體等得到的經驗，確信了一件事：「讓眾人認識我」或「成為受人矚目的人」，好處絕對比壞處多很多。因此，看完本書之後，如果你真心想要重新來過，我建議你趕快上網公開分享自己的想法與行動。試過之後你自然就會察覺，這麼做會為你的經濟帶來什麼樣的好處。所以，不管你是要匿名或不放大頭照都無妨，重點是先讓這個世界看到你的存在。要完全掌握在網路世界走紅的祕訣必須花上幾年時間，所以我建議你盡早開始比較妥當。

這就是我自身深刻的體悟。世人喜歡看到豪邁撒錢或打扮得花枝招展的人，因為人們想要看看不同於一般老百姓的生活，而我就是在回應他們的需求。只要能夠藉此獲得合理投資報酬率的利潤，我就會配合這種需求演出。

但是，為了獲得世人的矚目，沒經過深思熟慮就亂花錢，很容易造成入不敷出。所以，我在媒體前表演揮金如土時，大多把錢撒在不動產這類穩固的資產上。實際上我半數的不動產將來都打算脫手變現，現在先放著也有租金入帳。由此可知，**想要獲得世人矚目不能只是漫無目的撒錢。持續動腦思考如何不花無效成本又能夠贏得知名度，才是我要告訴你的重點。**

致富心法 2

金錢帶來的快感，容易麻痺人的思考

✳ 認識金錢的可怕副作用

那麼，既然我有錢，為什麼不像以前那樣過著豪奢的生活呢？

並不是因為我的欲望都已經獲得滿足。我前面說過，欲望這種東西本來就很難徹底滿足。容我再重申一次，人類的欲望沒有極限；一旦你開始拘泥於社會地位之類的欲望，你就會不停地追求，宛如恐怖電影裡嗜血的活屍般，直到遭受重大打擊為止。對於欲望的盡頭，無知便是福。與無窮盡的欲望往來，只會使你重要的錢財徹底枯竭。

也就是說，金錢有一種「魔力」，它能點燃欲望，使人跌落谷底。擁有一大筆財富，當下雖然能夠實現自己的諸多想望，但它同時也在摧毀你的心靈。

我在日本時為什麼會失敗？在反省自己過去行為的過程中，我了解到比起錢所帶來的喜悅，錢給人帶來的更多是走向自我毀滅的危機。

此外，錢想賺多少就有多少的想法，完全是妄想。每個人能夠有效率賺大錢的時機雖然因人而異，但不管對任何人來說，這種可以賺大錢的機會都不持久。諸行無常，萬物經常在改變，縱使是天才也無法讓自己成為永遠的贏家，因此每次創造出來的珍貴財富如何能夠守住、增加，才是更重要的課題。

過去的我對錢很執著，只想靠錢解決問題，懶得動腦，一旦沒錢就什麼也不會；再加上我以為錢這種東西只要再賺就有，從未認真地面對錢，結果就是被錢徹底拋棄。

瞧不起小錢，是財富遠離的開始

關於我「過去的行為」，接下來我想再具體說明一下。

我第一次創業成立公司是大學在學期間。當時開的是服飾公司，一年的總營業額約十億日圓（約新台幣兩億八千萬元），在澀谷知名的一〇九大樓也有門市。

後來公司卻因為我過度拓展事業，只開了五年就倒閉。手頭沒有資金的我絲毫不在意別人的目光，緊接著一腳踏入兜售情報資訊的實驗性質事業。

服飾公司倒閉後，隔月我就在情報資訊業界賺了大錢，沒過多久人人就稱我為「秒賺一億日圓的男人」。

於此同時，我的花錢方式也更加忠於自己的欲望。就在我宣告破產、自暴自棄之時，突然又有一大筆錢二話不說來到我面前，導致我過度自信，看不起小錢。那段時期我誤以為「賺錢很容易」，而**當你開始看不起一塊錢的時候，地獄之門就開啟了。**我當時的口頭禪是「小錢可以丟掉」，這樣的心態當然也導致我後來直接走向破產地獄。

那時我住在六本木的東京中城[4]，月租兩百萬日圓（約新台幣五十四萬元）的豪宅，擁有勞斯萊斯頂級車款「幻影」、賓利、法拉利等好幾輛名車，每次一有新車推出我就會換車。每個月五間房子要支付的房租合計大約八百萬日圓（約新台幣兩百一十六萬元），光是買車就花了超過一億五千萬日圓（約新台幣四千萬元）。當然，我也揮霍了好幾千萬日圓購買海瑞溫斯頓（Harry Winston）、宇舶錶（HUBLOT）、百達翡麗（PATEK PHILIPPE）等名錶。

我在燈紅酒綠的夜生活花掉的錢也很可觀。公關俱樂部、夜店、高級會員制KTV……等，一年三百六十五天，我有三百六十天都在這些地方流連忘返，天天揮金如土。不管和誰去哪家店都是由我買單，如此闊綽的大手筆讓旁人都笑稱我是「與澤會長」。我還送錢給女人，曾經一個晚上就花掉一千萬日圓（約新台幣兩百七十萬元）。

現在回頭看看，我當時是被那些人當成「提款卡」了。對他們來說，我根本就是散財童子。

我沉淪在六本木夜晚的歡樂、欲望、炫富之中，也因此引來壞人。詐騙、非法吸金集團、仙人跳……各種怪咖我都遇過。

4 Tokyo Midtown，位於東京港區的多用途都市開發計畫區，於二〇〇七年三月落成，設計師包括當代日本建築大師安藤忠雄、隈研吾等人，是六本木的核心建築之一。

這些夜生活分子巧妙地接近我，取得我的信任之後，再將不可能賺錢的生意介紹給我，或是以活動贊助等名目要我拿出一大筆錢。不少遊艇、私人客機、直昇機的業務也曾經找上我。

甚至有黑道集團，在某大夜店的洗手間纏著我不放，想要逼我掏出錢來。

「自以為是」燒了我好幾億

我在這些完全無法帶來利潤的「投資」上所花的金額，累計高達數億日圓。儘管並不是所有找上門來的邀約都會掏錢出來，但我還是浪費了很大一筆錢。

更傷腦筋的是，當時是我自己決定要掏出那些資金，讓那些錢有去無回，並不是被誰強迫，也經常有機會拒絕。也就是說，這一切全都是我「自找死路」。

我知道泛泛之交的人際關係會使我的思路狹窄膚淺，儘管如此，年輕時的我還以為自己今後能夠賺更多錢，所以我也沒存錢，因此東山再起時著實吃了一番苦頭。

剛創業時我還懂得謙虛地努力賺錢，可一旦像這樣沉溺於花錢的快感，就會逐漸變得驕矜自大，不再努力，也不再追求成長，感覺就像是把過去儲存在水庫裡的水一口氣全部用掉。漸漸的，我開始認為「自己做的一切都沒錯」，也不再傾聽任何人的意見。

每一個受人矚目的成功人士都有可能落入這種陷阱；他們認為自己與眾不同，自己做的事情都是對的，我稱這種心態為「優越幻象」。無論任何事，他們都認為自己的行為與想法是正確的，停止思考讓他們無法省視自我，回頭修正走錯的路。最後直到跌落地獄，他們才終於清醒過來。

✳別｜成｜為｜資｜本｜主｜義｜的｜肥｜羊｜

致富心法

3

租住或貸款買摩天大樓是愚蠢至極的行為

假設東京市中心三區（千代田區、中央區、港區）最引人矚目的摩天大樓，一戶面積約三十坪，全部以現金購買的話，每坪不下數百萬日圓，所以需要好幾億日圓。一次掏出好幾億日圓，大多數人都辦不到。但如果用租的，想要住進摩天大樓並非遙不可及的夢想。此時，你會產生某種錯覺。

舉例來說，假設你租屋住在每月租金高達一百萬日圓（約新台幣二十七萬元）、面積三十坪的房子裡。前期開銷準備六個月份的房租，也就是六百萬日圓（約新台幣一百六十二萬元）就足夠。這麼一來，你就會產生一種錯覺，認為「幾億日圓的房子只要六百萬日圓就能得手」。這是我二十幾歲時也曾有過的誤解。

事實上我只不過是狐假虎威，暫時借用「東京中城」的盛名罷了，卻產生了一種自己比他人優秀的錯覺。

我開始覺得自己可以住在這麼高檔的地方，是因為我比一般人厲害，這也是我從高峰跌落谷底的第一步。

同樣地，貸款買高檔車也算是一種租賃。你不斷付租金，最後留下的不是資產，只是回憶。另一種情況是，儘管你還在付車貸，也有可能在貸款付完前就想換新車，於是你賣掉原本的車子，付清貸款餘額。從結果來說，這就跟每個月付錢租豪宅一樣。

租住摩天大樓、開法拉利的菁英分子容易有一種錯覺，以為自己就是人生勝利組。這也是「優越幻象」的一種。即使只是租來的東西，也會讓你產生「我很行」、「我與眾不同」的錯覺。

頂著大企業光環的員工，也有不少人覺得「我是菁英分子」，對他人擺出高高在上的傲慢態度，這也是「優越幻象」。在大企業工作的上班族，不見得就是該公司的擁有者（股東），卻把公司當成是自己的，只能說是狐假虎威。

我自己在二十幾歲時也有過這樣的誤解。因為我住在東京中城、開法拉利，身邊的人和社群媒體不斷地吹捧我，讓我產生了一種錯覺，覺得自己做什麼都是對的。過度得意忘形，讓我即使做錯了事，也不願承認錯誤，堅持一意孤行。

仔細想想就能明白，即使付了再多錢去租摩天大樓或高檔車，那些東西也不會變成自己的。你的資產規模跟那些計時出租不動產與高檔車的房東和車主相比，簡直是天壤之別。

請各位別誤會，我並不是在鼓吹大家購買不動產或高檔車。持有這些東西也會產生相對應的成本，直到賣出之前都是負擔，還必須具備相關的知識。我真正想告訴大家的是接下來這段話：

「狐假虎威」不會讓你成為真正的人生勝利組。

重要的是，如何成為出租這些東西給他人的那一方，也就是說，你應該思考的是怎麼做才能真正成為人人崇拜的老虎。花錢租用屬於他人的高價財物卻洋洋得意，你永遠別想成為真正的有錢人。

我當時對於自己住在摩天大樓裡很自豪，也經常到處吹噓。直到某天，我才突然驚覺自己成了資本主義的肥羊。

對錢的輕慢，讓我跌入破產地獄

你不好好愛惜錢，錢就會遠離你。假如你頻頻背叛交往對象，對方還會無條件地對你死心塌地嗎？應該不可能吧。不管對方再怎麼人美心善又重視你，如果你不斷辜負對方，對方總有一天會離你而去，錢也是一樣。

希望將來成為有錢人的第一步，就是要改變自己，懂得愛惜錢財，不再購買不需要的東西，花錢時審慎評估後再執行。等到你懂得對錢灌注愛情，錢也會以愛回報你。這樣說聽起來或許很玄，但我根據自身的經驗學到，這種愛惜金錢的態度，有助於累積資產。也就是說，對金錢的態度不能隨便，要像對待交往對象一樣慎重用心。

話說回來，我之前在日本的時候對錢的態度就很隨便，後來情報資訊事業的獲利逐漸面臨瓶頸；投入再多的廣告宣傳費也無法重振業績，即使絞盡腦汁開發全新的業務服務，最後也全都以失敗告終。

最後，我因為拖欠公司稅而不得不解散公司。我賣掉手上所有資產與物品，勉強付清稅款之後，陸續解約了港區租住的五處豪宅，逃難似地搬進西新宿房租十五萬日圓（約新台幣四萬元）的套房。

恰到好處的幸福才是至高無上的幸福

從一般人的角度來看，位在市中心，房租十五萬日圓的套房，並不是條件很差的物件。但對於原本住在每月租金共計八百萬日圓豪宅的我來說，簡直就像被關進了監獄那般丟臉。直到那一刻我仍認為自己的所作所為沒有錯。

之後，我終於清醒過來，重新省視自己對待錢的態度。

人在迷失自我時不會懷疑自己，也不會珍惜當下擁有的一切，更不會領悟到「恰到好處的幸福就是至高無上的幸福」。他們無法忘記自己曾經滿足過的欲望，即使明白狀況正在逐漸惡化，仍會產生新的欲望，緊抓著不放，直到滿足它為止，反而使傷口惡化到無法挽回的局面。

我也想過倘若自己當初能夠早日清醒過來，或許就不至於跌落谷底。

由此可知，從幻覺中清醒過來有多麼困難。就看你是及時懸崖勒馬，還是摔下懸崖後才幡然悔悟。現在正在閱讀本書的你如果正處於絕佳狀態，請重新審視自己，看看自己是否變得驕傲自大？是不是覺得自己的所作所為都是對的？對待金錢的態度是否輕忽隨便？是不是認為小錢隨時都可以再賺回來？假如你有以上徵兆，請把我的失敗經驗當作教訓，不管用什麼方法，都要讓自己立刻清醒過來。

致富心法 4

唯有「反省」過去 才能夠使自己成長

我現在最重視的一件事，就是替自己安排「反省時間」，用來反思工作、投資、人生。正確來說，因為我在離開日本之前，身陷於再不反省就無法突破的人生瓶頸，那時我才發現唯有反省才能使自己進化，反省是讓自己存活下來的唯一方法。

舉例來說，假設你投資股票買了十家公司的股票，之後你留下其中五家的股票，賣掉另外五家。

此時，多數人接著只會深入研究持股的五家公司，認為賣掉的那五家股票已經是過往雲煙，再與自己無關，心想：「過去的就忘了吧。」

但我認為反而不能就此忘記，你應該繼續追蹤那五家公司的股價波動和公司動態。

原因在於，假使你賣掉的五家公司股票後來上漲，就證明你太早脫手，你只能承認自己當初的判斷錯誤。這麼一來，往後你就會去思考怎樣才能留下對的股票，讓自己賺得更多。後續追蹤將成為啟動這些行為的關鍵。

也就是說，**別因為事情已經結束就不再關心，已經結束的事才更應該放在心上。請記住：「已脫手的股票更需要追蹤後續發展」、「過去的事情才需要事後檢視」。**

結論就是，假如你發現自己有錯，請立刻坦承失敗。

坦白自己丟臉的一面，是好的開始

只要看過那些黑心企業被爆料後的應對，你應該就能夠明白老實承認錯誤的重要性。多數企業遭到爆料後，往往因為害怕大眾的批判而隱蔽事實，最後導致情況更加難以收拾。假如企業高層在事情剛爆發的階段就出面道歉，或採取必要的因應措施，事情多半可以好好收尾不會鬧大；還有企業在事情剛爆發階段就乾脆站出來公開一切，反而能獲得大眾的讚賞。也就是說，一開始就把膿瘡擠乾淨是處理傷口最好的方法。承認錯誤的話，丟臉只是一時的；若還有隱匿的真相，最好在被別人揭開前就自行公開。這樣做雖然需要莫大的勇氣，但總好過之後信用盡失，演變成無可挽回的下場。

聽說徵婚網站曾發生會員上傳的照片修圖修太大，結果雙方約見時認不出彼此的長相，鬧出了大笑話。年輕人之間也很流行使用手機的修圖應用程式，讓自己看起來更好看。有些手機應用程式甚至可以修到跟本人截然不同，完全變成另一個人。

這些例子也跟前面提到的企業坦承錯誤的重要性有相似之處。在雙方見面之前過度拉高對方的期待值，反而會引發對方的失望，導致談不成戀愛。相較之下，我認為先上傳不好看的照片，之後再提高對方的好感，反而更有機會談成戀愛。我的妻子就曾對我說過：「之前在電視上看到你時，坦白說我覺得你這個人很討厭。」實際跟我相處之後則改觀：「你很健談，所以我就慢慢喜歡上你了。」我當時在電視上的形象，就是個滿身銅臭、又胖又醜的男人，所以我那位對錢不感興趣又熱愛傑尼斯偶像的妻子，對我沒有太大的期待，恐怕也沒想過會跟我談戀愛。但是，正因為她一開始就對我不抱期待，所以之後無論我做什麼都是加分。

隱藏真實的自己，以過度美化的一面與對方來往，你就很難隨心所欲地做自己。你會苦於自己打造出來的形象太過完美，與真實的自己差距太大，因而養成不肯面對現實的壞習慣。最後你將停滯不前，成為高不成、低不就的半吊子。

就像人的身上有膿瘡卻不處理，理所當然會惡化發臭。掩耳盜鈴只是在自欺欺人，永遠無法解決問題。

因此，我在減肥之前會先露出自己的身體，一發生虧損就停損並在網路上公開，因為我知道老實承認才是促使情況好轉的第一步。這是我在日本時就養成的習慣，在日本那段時期，公司的資金一旦短缺，我就會立刻在部落格上報告這件事。資產遭到查封時，我甚至自己主動在大眾媒體上揭露這則消息。

過度在意別人的評價，會讓你愈來愈軟弱

多數人應該都很害怕聽到別人說：「你活該。」有的人想要隱瞞自己投資失敗，有的人不想讓外界知道公司陷入困境，所以故意避而不談。但是，不管是哪一種窘境，都應該老實承認。我為什麼這麼說？因為**一旦養成隱瞞的習慣，你將重複同樣的錯誤，最後演變成不得不極力隱瞞的重大問題，接下來等著你的就是無法逃脫的無間地獄。**

一切力求透明化、公開化，一開始的確會經歷一段陣痛期。不管是任何人、任何國家、任何企業，都有著想要隱瞞的祕密或弱點。但只要你能夠鼓起勇氣，在一開始就把傷口裡的膿擠出來，強迫自己面對問題，問題自然會獲得解決。剛開始雖然會感到痛苦和難堪，但那也只是一時的，其實並沒有那麼難以忍受。

而且，主動承認錯誤反而能夠吸引眾人的注意，甚至為你帶來貴人。應該說，在社會大眾的監視下，你就算想逃避也逃避不了，反而更能夠戒慎恐懼，踏實成長。這也是我能夠東山再起的方法。

丟臉會使人成長。不怕丟臉才會使人更堅強。無論哪個時代的英雄，過去都曾有過一段被人看不起的歲月。

總是贏得眾人稱讚的「好學生」，內心往往很脆弱；他們太過於習慣讚美，一旦沒有人讚美，就會立刻喪失力量和自信。這種人害怕丟臉、批評、被瞧不起，遇到任何問題都是先逃避再說。也就是說，當你行動的動機只是為了獲得別人的稱讚，你就會愈來愈軟弱；因為你的一舉一動都受制於他人的目光，最後只會逐漸遠離自己原本想要的人生。

相反地，一路丟臉、承受批評和誹謗中傷走來的人，從來不會認為別人的稱讚是理所當然的；因此即使沒有得到讚美，仍會毫不猶豫地按照自己的理念繼續前進。以長遠來看，能夠活出理想人生的人，往往都是按照個人理念行動的那些人。

我再講一個類似的情況。推特上有些人會轉推那些稱讚自己的推文，或轉發到自己的時間軸上。以長遠的角度來看，這樣的做法並不好。因為轉發者期待獲得他人稱讚的心情太過明顯了。

稱讚這種東西，就是要出現在自己不知道的地方才有意義和價值。當著你的面稱讚，不過就是客套話；面對面的稱讚、同桌人的讚美，全都沒有價值。人在面對其他人的時候，總是習慣於討對方歡心。唯有在物理距離或精神上遠離對方時，才會發現許多讚美多半是言不由衷。

推特使用者之中，也有人希望得到意見領袖的轉推，因而刻意去稱讚那些網路紅人。他們為什麼要做這種事？因為事關自己的聯盟行銷（appliate marketing，簡稱AP）[5]、廣告收入。我自己也是半斤八兩，所以對於這種做法我不會置喙，不過至少我會盡量避免轉發稱讚自己的推文給我的追隨者看。因為稱讚不該由自己來做。我認為在我不在的場合、在與我無關的地方、在我聽不到的時候稱讚我，這樣的稱讚才有價值。

我認為「渴望立刻得到稱讚」、「渴望知道自己獲得好評」的人，就好像在說：「我最多就是這樣，今後不會繼續成長了。」他們渴望的背後隱藏著驕矜自誇。理由在於，認為自己今後還會更加成長的人，往往會覺得現在的自己還不夠好、還不值得稱讚。而且，沒有任何行為比頻頻告訴其他人「我被稱讚了」更惹人厭煩。回想看看你在現實世界裡，如果遇到一個老是炫耀自己得到稱讚或好評的人，心裡會有什麼感想，你應該就能理解我想說的話。同理，老愛炫耀人脈的人也一樣。

一旦你開始把別人的稱讚放在心上，你就不會再進步了。我的建議是，別把那些讚美當一回事，好好珍惜那些丟臉難堪、被瞧不起的經驗，專心去面對自己想挑戰的事情，這樣子你才能夠更強大。

只要你能夠做到這件事，總有一天一定會有人在你背後發自內心地稱讚你。

困境中做出的決定，將影響你接下來的十年

現在全球受到新冠肺炎疫情的影響。閱讀本書的你或許也是其中一人，請別慌張，先讓自己冷靜下來。**危急時刻做出的判斷，不分好壞，將會影響你往後的十年。**

我十幾歲時不學好，跟著一群不良少年鬧事遭到逮捕，曾經兩次進出少年觀護所。二十幾歲時，我害得公司倒閉，負債總金額高達三億日圓（約新台幣八千一百萬元），只好自行宣告破產。到了三十幾歲，我的財產又被國稅局查封。光是讀到這裡，各位可能會覺得我這個人真是無可救藥，實在不是一個可以寫書的正派人士。這些失敗經驗對我來說，全都是足以影響我命運的重大危機。幸好我很堅強，不曾想過尋死，否則這些經歷早就足以讓我自殺好幾回。我現在回顧那些經歷，想到的是，因為我在面對危機時

5 廠商或業主透過推廣者或合作夥伴（如意見領袖、網紅等）來推廣銷售自家產品，並利用連結的方式追蹤，最後依照轉換的訂單量，讓推廣者或合作夥伴可以賺取一定比例的佣金。

懂得認真反省苦思，才會有現在的我。我深深感謝當時的那些失敗經驗，而在困境中所做的決定，也大大翻轉了我之後的命運。

以這次新冠肺炎疫情的影響為例，有些人或許在投資方面損失慘重，有些人經營的公司被迫倒閉，有些人遭到公司解雇……諸如此類，讀者之中可能也有不少人直接或間接蒙受其害。但是肺炎疫情帶來的不全是負面影響，現今正是我們改變的大好機會；平時沒有存款如今陷入困境的人，就會知道要改掉老是亂買東西的壞習慣、不儲蓄的觀念，重新反省自己原本的花錢方式。

總是把所有財產都拿去投資的人，這時才注意到應該準備一筆動員資金，在市場行情大跌的時候，趁著價低時買進。使用槓桿（舉債投資等行為）投資的人，或許會因為保證金被強制平倉，而在不由自主的情況下被迫出場，沒有時間等到價位回升。這個經驗會提醒你，自己在玩的金錢遊戲，局勢對自己來說有多不利。如果是融資做生意的人，即使沒有營業額仍必須還錢，應該備感壓力，失去做生意的欲望。以上不過是所有人在過去及未來會面臨的悲劇之一。但悲劇並非只有壞處，悲劇之後往往會出現大幅度成長。

沉溺在過去的回憶中懊悔不已，無法改變過去；只知道後悔，也無法改變未來；而不作為只會讓情況更加惡化。所以我們首先必須正視問題，並接受已發生的事情無法改變的現實。然後，主動為悲劇打上休止符，先承認自己過去的錯誤，再好好思考今後面對同樣失敗時該如何解決問題，盡可能告訴周遭的人你目前的實際狀態，與他們約定你今後打算怎麼做。這一點很重要。告訴周遭的人，用意在於請他們監督自己，你也能從他們那裡得到一定程度的諒解與協助。

致富心法 5

短期的「損失」將帶來長遠的「利益」

危機時最重要的就是「斷捨離」。只留下自己此刻真正不可或缺的東西，「告別」人生中不必要的東西。人們往往會購買用不到的東西，維持有害的人際關係，進行沒有效益的投資，投入不賺錢的生意；那個也出手這個也試試，就像在展現自己多管齊下很能幹。然而愈是這樣「樣樣通、樣樣鬆」，你愈有可能陷入困境。

有些事情不用刻意割捨，自然而然就不會去碰了。但我想強調的是「刻意割捨」這個動作。為了避免今後繼續採取沒成效的膚淺行動，也為了防止繼續購買不必要的物品，現在就必須將這些生命中多餘的人事物割捨掉。即使過程中會痛，若能在此刻切實感受到疼痛，今後再做傻事的機率就會大大降低。危機正是你進行斷捨離的大好機會。

比方說，假如你有在投資，平常注意力總是放在許多股票上，覺得那支股票不錯、這支股票也很好、那支好像會上漲……。但是，仔細研究過後，你會發現之前的自己對績效的預估過度樂觀。如果只是看起來會漲、可能會漲這種程度的預估，每個人都能夠列出很多支股票。這時最重要的是，只持有「真的會漲」的股票，而不是「看起來可能會漲」的股票。實際上，我們無法斷言哪支股票「一定會漲」，但我們可以只投資自己認定會漲的那幾支股票。當然，我們也要做好心理準備，對自己決定的投資結果負責。

在市場行情急速走跌的時候，看到成交價在短時間內迅速走貶，我們實在無法光憑期待或樂觀去跨越心理的障礙。

因此，現在正是重新審視你手中持有股票的大好時機。只留下那些你認為今後不管股價是漲是跌，自己都能對其結果負起責任的股票。減少自己需要負責的股票，也是斷捨離的一種。

危機正是拿回人生主導權的好時機

我認為最近這十年全世界製造了太多沒用的東西。趁著這次新冠肺炎疫情的機會，淘汰這世界上沒有用處的東西吧。對世人來說沒有必要的公司、對個人而言不重要的欲望……全都趁此機會清除乾淨。此刻正是世人重新覺醒，找回冷靜的大好時機。

這種時候，如果你仍執著於過去的欲望，就會被時代淘汰，遭遇不幸。現在你必須做的就是斷捨離，盡量割捨不需要的東西，解放你的身心靈，將儲存下來的能量，拿來面對那些對你而言真正重要的事物。不管是個人範圍或國家範疇的斷捨離，我認為都是這世界今後永續存在的重要過程。類似新冠肺炎疫情這樣的「強制斷捨離」以後仍會不定期發生，在我們有生之年，應該會再發生個幾次，因此培養對強制斷捨離的免疫力非常重要。

在現在的狀態下進行斷捨離，短期之內你或許會覺得是一種損失，現在收手或撤退，之前投入的成本或勞力就等於白費了。不過，當下看來是損失的行動，以長遠的眼光來看多半是利多。

舉例來說，不斷整形或許能讓人得到瞬間的滿足，但下一秒你又會覺得自己還不夠完美。在這種念頭的驅使下，你不斷地整形，臉總有一天會毀掉。另一方面，美麗的外貌就短期來說或許能給你帶來好處，但以長期來看，過度依靠外在美會讓人漸漸忽略培養內在美的重要性。即使世人推崇外貌至上主義，光靠一張好看的臉，並不能保證你就能擁有成功的人生。

電視節目會定期介紹曾經的一流藝人現在落魄的模樣，靠著亮眼外表紅極一時，如今卻落魄潦倒的電影演員更是不計其數。這就是光有外表不見得人生就能從此一帆風順的最佳證明。

除此之外，吸毒也是給人帶來短暫歡愉，但長遠看來卻會導致一個人的心志逐漸瓦解崩塌，最後無法控制自己人生的例子。沉溺於酒色同樣會使你獲得一時的好心情，久而久之卻會掏空身體，讓你的表現每下愈況。衝動購物雖然能滿足當下的欲望，但資金不斷減少，長期來看依然是有害無利。同樣的道理，輕易嘗試賺快錢的工作，長期累積下來的，往往只有龐大的損失。

這也就是說，短期內看來美好的事物，長期來看多半會導致不良的後果。相反地，像斷捨離這種當下看來是損失的情況，長遠來看多半會帶來非常好的結果。遇到危機時應該怎麼辦？答案就是斷捨離。你現在這一刻做的決定，將會影響你往後十年的人生。請務必下定決心，徹底執行。

當初的我就是認真地面對自己的失敗，好好反省過後重新挑戰，才能逆轉過去的窘迫局面，成就了現在的我。

✳避免欲望失控的祕訣

致富心法 6

懂得「八分飽」的人，將所向無敵

在此為大家介紹兩個我做過的斷捨離例子。

首先，為了往後的人生，我徹底反對建立組織、團隊。我從十幾歲起就熱愛組隊；大學創業時建立了團隊，後來二度創業時也組了團隊。也就是說，在人生所有關鍵場合，我都是建立組織，組成團隊，結合眾人之力行動。但是離開日本來到國外這六年之間，我不曾創過任何團隊。也就是說，我徹底進行了斷捨離，割捨了團隊。

我當然明白現在能夠讓世界動起來的仍是企業，也就是團隊。能夠提供高價值的毫無疑問也是團隊。但是，我第一個就先質疑這種常識。單打獨鬥還是打團體戰？適合自己的是哪一種模式？個人難道真的就無法提供高價值嗎？

我過去雖然一直擁有團隊，但我本來就是不與任何人商量，憑著自己的直覺快速行動，從失敗中學習成長的獨裁者。速戰速決並立刻實踐是我的行事風格。我注意到以組織或團隊形式迎戰的話，無法發揮自己的長處。簡言之就是，我不想聽別人抱怨我的所作所為。當然，所有責任由我自負。以最快的速度計畫↓執行↓反省，這是我的強項。

基於這個確信，我決定只帶現在妻子離開日本。沒有告訴任何認識的人，沒有與朋友討論，也沒有找人幫忙。當時割捨掉「組織」的決定，如今帶來最理想的結果。也就是說，我六年前做出的斷捨離，至今仍影響著我的人生。

此外，關於「少了團隊，還能夠提供高價值嗎？」這個疑問，像這樣認真寫書告訴讀者一些資訊，也是一種價值提供。一個人能夠做的事情或許有限，但在有限範圍內追求最高品質，就有可能提供高價值。直到現在我仍這麼認為。

我做的另一個斷捨離，就是排除無極限的危險欲望。在日本時，我陷入欲望上癮的狀態。我想要喝酒讓心情變好，想要每天和許多女人玩樂，想要賺大錢再花錢如流水，想要得到權力和名聲……我忠於自己身為人類的欲望，盡己所能揮霍時間與金錢。

但是，仔細想想。喝酒讓心情愉快的隔天，我要面對的就是身體不舒服和倦怠無力。這不是良好的生活習慣，而且什麼問題都沒有解決，只是在浪費時間和金錢。那些喝酒用掉的時間對於掌握真正的成功，有提供什麼幫助嗎？與非特定多數、連長相和名字都轉頭就忘的女人上床，真的能帶給我幸福嗎？不管賺再多錢都只覺得心靈空虛，這種對金錢的極度渴求，能讓我獲得滿足嗎？想要權力和名聲，不就只是為了掩飾自卑嗎？我愈深入思考，就愈確定那些都不是我需要的東西。

「你好了不起！你真厲害！大師！」旁人的諂媚有什麼意義呢？一時的歡愉後，接下來卻是揮之不去的不悅，這又有什麼價值呢？把時間用在不會往來一輩子的關係上，究竟又有多大的意義呢？

用錢滿足欲望，錢就成了毀掉人生的惡魔

如果想要成為真正的有錢人，你就會領悟到這些欲望都只是毒害；短期來說有助於心情愉快，但長遠看來對資產的增加只有負面影響。

金錢的力量強大，而且具有善惡兩面，如果你不曉得正確面對與使用錢的方式，只會「用錢滿足欲望」，金錢的負能量就會使你陷入險境。

如同我前面提過的，錢能夠使人的欲望失控。我必須不斷地重申，人的欲望真的很可怕，沒有極限。而欲望與金錢掛鉤的後果，就是可能使你跌入地獄。

因此最重要的第一步，就是對不必要的欲望進行斷捨離。祕訣是「知足」。我們常說「飯吃八分飽就好」，別失控吃到撐。養成習慣，隨時把八分滿當成最滿足的狀態。

舉例來說，我在本書開頭也提過，我現在仍開著買了四年多的法拉利和勞斯萊斯。車子愈舊，我愈珍惜。過去每次出新款，我就會立刻換車，不這樣就無法滿足。我的口頭禪是「開過時車款很丟臉」。如今，我現在開舊車子就很滿足了，相當於吃飯只吃八分飽。另一方面，我在女性關係上也一樣，我不再跟其他女人聯絡。一說到自己住在曼谷，或許有人會想：「你喜歡紅燈區嗎？」但那些地方我連去都沒去過。我反而是每天

都與妻子親熱。以前我渴望不同女人的肉體，不停地換女人，對上鉤的對象很快就失去興趣，欲望完全失去控制。後來和車子一樣，與妻子親熱成為我的幸福，這也是八分飽的道理。

八分飽是最理想的幸福狀態，超過八分或低於八分都不會幸福。

適當的欲望，是追求成功的動力

飲食男女，人之大欲。有欲望不是壞事，倒不如說是心理健全、身體健康的證明。

我之所以強調八分飽，是怕有人以為我提倡禁慾，所以特別提出來解釋一下。

欲望是活著的證明，也是成功的原動力，因此我不會禁止欲望的產生。我想強調的是，別讓欲望失控。

愛物惜物，與單一對象深入交往，適量飲酒，定期旅行，就能夠感受幸福。尊嚴、面子、自尊心不值半毛錢，也用不著希冀得到所有人的稱讚。只要身邊的人懂你，就是最理想的八分飽狀態。

另一方面，過度缺乏欲望也不是一件好事。窮困潦倒到沒飯吃、沒有喜歡的對象因而多年沒有性行為，或是嫌麻煩所以完全不與人往來——這一連串的「缺乏」也會妨礙你成就大事。擁有足夠的愛、食物、社交生活，都是促進你成長不可或缺的能量。因此，當這些最低限度的欲望也無法實現時，你必須開始努力得到它們。

人生的確有些東西是必要的，除此之外應該全部捨棄，這才是正確的態度。

金錢就像雙面刃，具有極大的魔力。

我不打算透過這本書勸大家勤儉持家或禁慾。

人們總愛把一切事物以「非善即惡」的二分法說明。對於金錢、欲望也是如此。多數人都喜歡從「非善即惡」的角度去批評賺錢、增加資產的行為。最典型的例子就是「拜金主義是惡，勤儉持家是善」。也有人認為好色不是好事。但我認為這是錯誤的觀念。勤儉持家過了頭，也會造成旁人的困擾，因而失去信任。另外，男歡女愛也是健全的行為。重點在於欲望的程度，正所謂過猶不及，只要能甘於八分飽，就能擁有多元價值觀，為你的人生帶來活力。

尤其是把金錢簡單二分成善與惡，根本一點意義也沒有。別遠離金錢。

重要的是學會如何與錢相處。如何面對錢，才能夠發揮金錢正面的能量？——假如你想要成為有錢人，請務必深入思考這一點。

第 1 章

✴

何謂「金錢」？

✳危機意識是成功的基石

致富心法 7

樂觀的人最先被淘汰

現在多數人對於「自己的未來將會如何」開始感到不安。對於未來的不安，源自錢不夠的不安。

公司發的薪水到了十年後、二十年後會變成什麼情況？老了以後真的能夠領到年金嗎？即使能夠領到，那筆錢足夠維持生活到離世為止嗎？多數人都因這種不安而倍受折磨。

這一點也清楚反應在公家機構的調查報告中。

根據金融廣報中央委員會[6]發表的〈家計相關金融活動民意調查〉，二十歲到四十九歲的民眾有近九成「擔心」退休之後的生活，其中約有七成的原因是「沒有足夠的金融資產」、「年金或保險不夠用」。

這種對錢的不安，來自於「大環境的改變」。

日本過去曾經有一段時期稱為「一億總中產」[7]，意思是大多數日本國民都認為自

6以公平公正立場推廣與民眾生活相關之金融活動的日本組織。總部設在日本銀行情報服務局。

7一九七〇年代日本人口達到一億，而這一億名日本國民之中，約有九成認為自己屬於中產階級，這種意識就稱為「一億總中產」。在一九七〇和一九八〇年代的日本經濟高度成長期尤為明顯。

己的生活水準屬於「中產階級」。

在那個時代，普遍認為最理想的人生規畫就是去當上班族或公務員，買房買車，過著安定的小康生活。當時的國民所得隨著經濟成長持續增加，人人有資產，只要好好存錢、繳年金，退休之後靠利息或分批領回的本金過活，直到死前都用不著擔心。

而支撐這種生活模式的，就是年功序列制度[8]、終身雇用制度[9]、高利率的存款利息，以及全世界數一數二的年金制度。這些制度曾經造就了日本社會的大環境。

可是現在，這個大環境正在逐漸瓦解。

依靠政府和公司養老，是不智的想法

企業配合員工的在職年資提高薪資，保障其生活直到退休的時代，不久之後即將宣告結束。包括豐田汽車的豐田章男社長在內，許多企業界的人士明白表示：「終身雇用制度很難繼續維持下去。」

政府的年金制度顯然也愈來愈難維持下去，因此出現給付金額減少、請領年齡提高等情況。尤其有報告指出，現在的年輕世代未來恐怕領不到年金。所以我們這一輩應該早早醒悟，不該盲目依賴政府的制度。

二〇一九年，有人提出：「退休之後要有兩千萬日圓（約新台幣五百四十萬元）才夠生活。」引發社會大眾批判。

但引起批判的原因，主要是多數人曲解日本金融廳[10]的報告，並且過度解釋了。民眾誤解政府的報告，以為光靠年金過活的話，退休後還要自行多準備兩千萬日圓。事實上，那份報告只是在提醒大眾，在這個人人都可能活到一百歲的時代，建議大家以投資或定期定額儲蓄因應老後生活資金不足的問題。我覺得這樣的建議很合理；想要過富裕的生活，事先做好準備才不用煩惱。

民眾曲解報告並引發爭議，足以證明他們對錢感到不安。也可以清楚反映出日本國民想要把自己不努力這件事歸咎到某個代罪羔羊頭上，指望別人幫忙他們爭取。

在以往的大環境開始瓦解的情況下，如果還想像之前那樣依賴政府或公司，實在不

8 日本企業按照年資晉升的制度。
9 日本企業保障員工在公司工作到退休都不開除的制度。
10 日本負責監管存款、保險、金融商品等的政府行政機關。

是明智之舉。**在今後的時代，每個人只能自行面對並解決對於錢的不安。**我本來沒打算在這裡提這件事，但我從十幾歲時就認為自力救濟是理所當然的；我想這是因為自己是由祖父母帶大，而他們正好是人生起伏變動激烈的自營業者。

我相信有危機意識才能夠站上成功的起點。

對於錢的不安應該趁年輕時盡早體驗一下。日本的經濟在幾十年前就進入低成長期。且早在至少三十多年前，民眾就已經知道日本社會將朝向少子化發展。

實際薪資也在全球化經濟正式發展的二〇〇〇年之後持續倒退。實際薪資倒退的意思是，薪資成長率減掉物價上漲率，得到的真正薪資上漲率不是正值，而是負值。簡單來說，日本整體的家庭生計有日益拮据的傾向。

再加上稅金和醫療費用的負擔增加，民眾手邊剩下的錢應該會愈來愈少。

這樣的變化雖然緩慢，卻是切切實實地正在發生。

然而，儘管多數人都隱約察覺到這些變化，卻沒有認真看待，也沒有採取行動解決問題。他們感到一股無以名狀的不安，卻對眼前的變化視而不見，只知道粉飾太平。

這狀況就跟癌症病患不願接受治療，只是等死一樣。

癌症分為第一期、第二期、第三期、第四期，愈到晚期，情況愈惡化，但在初期階段患者不會立刻就死掉。公司也一樣，即使經營狀況不佳，通常還是能夠撐個幾年才破產倒閉。而這個「不見得立刻就會死掉」就是人們始終樂觀看待問題的最主要原因。

但是，在現今劇烈動盪的時代，樂觀等同於自尋死路。你必須在隱約感到不安的階段就下手為強，打破僵局。這一次的新冠肺炎疫情使得人類全體對金錢產生強烈的不安。

我之所以不組團隊也不設辦公室，避免提高固定支出，選擇獨自一人在國外各處的私人住宅遠端工作，全是因為我經常在腦海中預設有可能發生類似這次疫情、引發經濟停滯的緊急情況。也多虧如此，除了個人投資多少有些損失之外，我的事業沒有受到這波經濟衝擊太大的影響。

當然，我沒有具體預測到會發生新冠肺炎病毒的全球大流行，也沒有料想到二〇二〇年會突然爆發疫情蔓延，甚至嚴重到必須限制外出。

但是，在我即將三十歲時，身為公司經營者的我，曾經歷過二〇一一年的三一一東日本大地震，那件事令我印象深刻。從那之後，我時常擔心人類無法抵抗的天災異變會再次發生，也隨時做好因應準備。

其結果就是，我平時不出門上班，也不參加聚餐或與人往來，因此即使爆發新冠肺炎炎疫情，我的生活和經濟狀況也沒有受到影響。

再加上我原本就沒有上司、客戶、贊助商、股東等利害關係人，老實說也無從受到疫情影響。另一方面也是因為我早在整體經濟環境良好的時候就腳踏實地賺錢，準備好一輩子所需的花費了。

若問我為什麼要做這些準備，那是因為我選擇了面對不安而非逃避，我花了很長的時間擬定具體對策，來對付隱約存在的不安。

能夠從這次疫情勉力存活下來的人，如果仍然像從前那樣無視對錢的不安，我相信「下次死的人就是你了」。眼前最重要的就是，快趁這次機會，好好補強你因為疫情而凸顯出來的弱點，為將來做好準備。如果你想成為有錢人，此刻應該更能明白「不立刻行動的話，所有的好點子終將只是紙上談兵」。

「經營之神」松下幸之助的「水庫式經營」

想要成為有錢人，你必須先知道「何謂金錢」。錢為什麼很重要呢？

我先從專業的角度來說明：錢（貨幣）有三種功能，第一是「價值儲藏」，第二是

「交易媒介」，第三是「價值標準」。

這三種功能之中，各位印象最深刻的想必是第三種「價值標準」。因為錢經常用來表示物品或服務的價格。

第二個功能「交易媒介」，是指讓全球供需能夠順暢流通。舉個例子，我小時候祖父母在田裡種栗子，拿去市場賣掉換錢，再用賣栗子得到的錢買米。假如這個過程沒有錢參與，他們就必須找到願意接受栗子換米的生產者，看對方是否願意交換。這個過程相當辛苦，需要付出很大的勞力。但是如果利用錢的交易媒介功能，祖父母先去市場用栗子換錢，再來就可以自由使用這筆錢輕鬆換到米。以結果來說，錢成了栗子和米交換的媒介，促成了物品的流通。

這兩個功能固然非常重要，但我認為錢更重要的功能是第一個「價值儲藏」。

為了讓各位徹底了解這項功能，我引用距今超過半個世紀，也就是一九六五年，人稱「經營之神」的松下幸之助的演說內容。

當時日本的大型企業一家接著一家倒閉，證券公司的結算也是一連串的赤字，「昭和四十年經濟蕭條」的情況相當嚴重。經濟蕭條的原因在於，日本企業從戰後起有很長一段時間都是貸款經營。而長年貸款的賒帳問題，在前一年（一九六四年，即昭和三十九年）舉行的東京奧運結束之後一口氣爆發開來。

當時，松下幸之助以「水庫式經營」為題發表了演說。

我按照自己的理解摘要之後，整理成以下的內容：

「現在已不是戰後的非常時期，是可以從容穩定經營的時候。不能因為景氣稍有好轉就隨波逐流，必須事先備妥因應景氣轉壞時的資金。就像水庫儲水，再配合需要慢慢放水一樣，必須以穩定的經營為目標。」

水庫截斷河水，把水儲存下來，就能夠避免季節或天候的影響，經常提供一定的水量。假如沒有事先儲水，遇到久不下雨，河川的水量遞減，就很難確保民生用水充足，也無法種植稻米蔬菜。

在過去，企業花錢如流水，不懂得存錢，因此負債累累，只顧著追求眼前利益，不看長遠價值。因此松下幸之助推廣水庫式經營，追求穩定發展，開創永續未來。

水庫儲水，就像因應災害或嚴重歉收的穀倉庫存公糧一樣。

這絕不是什麼老掉牙的警世寓言。先賢們早早就告訴我們非常重要的真理。事實上日本現在的大型企業，仍依循著松下幸之助的水庫式經營。

就是電視新聞等經常提到的「留存收益」。

留存收益在會計上稱為保留盈餘（retained earnings），簡言之就是「企業的存款預備金」。有的是現金，有的則轉換成不動產等形式的資產。

近年來，日本企業儲備的留存收益持續刷新紀錄，二〇一八年度已經超過四百六十三兆日圓（約新台幣一百二十五兆元），比歐美企業高出許多。日本的對外資產淨額（Net External Assets，又稱對外淨資產）也是世界第一。對外資產淨額是對外資產與對外負債兩相互抵之後的數字，也就是扣除該國向其他國家借貸的負債之後、剩下的資產大於負債的淨資產。

日本企業重視穩定經營所做的預防準備，就是如此高水準。沒想到二〇二〇年的新冠肺炎疫情，給了他們發揮本事的機會。在這種情況下，原本表現平平、沒有成長的日本，很有可能比世界其他國家更具優勢。

但另一方面，勞工的薪資卻停滯不前，近十年來的漲幅很小，只停留在五％。因此也經常聽到「公司既然有賺錢，就應該回饋給員工」的批評聲浪。

但如果考慮到「今後要繼續活下去」，我認為企業增加存款預備金很重要。事前準備好一筆錢，遇到突發狀況才能夠發揮作用。因為假使企業破產倒閉，在那裡工作的員工就連半毛錢都沒得領了。

類似新冠肺炎疫情這種災難發生時，存活下去才是最重要的，現在不是可以奢侈浪費的時候。將多餘的欲望統統丟掉吧！

在危急時刻，平時採用水庫式經營的公司和個人才能倖免於難。

✳萬一全一的一準一備一是一優一勢一

致富心法

8

錢是人的膽，有存款才有力量

在不確定的時代，今後將發生什麼事、事情的規模與持續的時間完全無法事先預測。我舉個例子，今年（二〇二〇年）初美國與伊朗情勢緊張，戰爭一觸即發，沒想到全球股市動盪幾天後就恢復原狀。另一方面，新冠肺炎疫情卻造成股市大跌，跌幅超過專業人士的預期。

日本泡沫經濟瓦解、三一一東日本大地震、雷曼危機[11]，再加上這次的疫情，沒人知道這類重大危機何時爆發。雷曼危機等級的金融危機如果再次發生，將造成公司倒閉、自由接案者的工作銳減、資產的市價暴跌等，許多人的經濟都會遭遇嚴重打擊，而且這種情況有可能發生無數次。

此外，一般人也經常面臨重大疾病、傷亡、事故等風險。以疾病為例，近年來國人罹患癌症的比例持續增加，日本人每兩人就有一人罹癌，每三人就有一人死於癌症。這個數字在先進國家中也是相當驚人，日本民眾死於癌症的人數比美國高出一・六倍。

但是，只要你事先存夠足以應付危機的錢，就能在世界最高水準的美國先進醫療機構接受昂貴的治療。只要有充分的存款，基本上就能應付所有突如其來的不幸，也能將危機化為轉機，在動盪的年代活下來。

尤其是，有存款的人一旦遇到股市暴跌，就可以抓準時機進場全力投資。這是在短期內比其他人賺更多錢的大好機會。事實上全球最大財經資訊公司「彭博新聞社」（Bloomberg News）就曾經在二〇二〇年三月二十日報導，美國著名投資家卡爾・艾康（Carl Celian Icahn）、股神巴菲特（Warren Edward Buffett）趁著市場大亂增資買股，進行「一生一次的大掃貨」。

話說回來，你如果沒錢（沒存款）的話，就沒有這種機會了——即使你知道這是進場的大好時機，卻心有餘而力不足。

你甚至沒有多餘心力去考慮未來，光是為了一天的溫飽就筋疲力竭。

你待在自己不想待的公司，為勞動條件極差的黑心企業工作，甚至連自由也遭到剝奪；你無法抬頭挺胸說：「這種爛公司，我要辭職！」只能對那些討厭的人、只想遠離的人不停地卑躬屈膝。

為了跨越困境、掌握大好機會、活出自己的人生，你一定要學會存錢。

錢是人的膽，有存款才有力量，成為有錢人的第一步就是「存錢」。

11 二〇〇八年全美第四大投資銀行雷曼兄弟控股公司投資失利破產，引發全球金融海嘯。

年收入高不見得是真正的有錢人

還有一件事你必須知道。

那就是——「有錢人」的定義是什麼？

去書店走一趟，你會看到架上陳列著《年收千萬不是夢》、《賺到年收一億的○○》等，許多以「年收入」為賣點的書。商業雜誌也經常製作「平均年收入最高五百大企業排行榜」等特輯，把焦點鎖定在年收入。

我聽說在婚友社網站註冊的女性中，許多人要求另一半的首要條件就是「年收入一千萬日圓（約新台幣兩百七十萬元）」。

從這樣的社會風氣可以看出，多數人以「年收入」來判斷一個人的身價，並以年收入的金額多寡判斷對方是不是有錢人。

問題是，年收入高的人不見得是真正的有錢人。

年收入在經濟術語上屬於「流量（flow）」。流就是流動的意思。假設你從某個時期開始一整年每個月領薪水，再從薪水扣掉稅金和必要支出。現金在一定期間內像水一樣流進流出，就稱為現金流。

與現金流相反的錢稱為「存量（stock）」。假設年收入是流量，存款就是存量，錢是處於靜靜存放的狀態，不會像現金流一樣劇烈變動。

但是，我所謂的存款，意思與總資產不同。美國知名經濟雜誌《富比士》（*Forbes*）每年都會根據總資產的市值多寡，公布「全球富豪排名」。這個總資產不只包括存款，還有股票、不動產、保險、投資信託等，但其中可能還有尚未清償的負債。負債是必須償還的「他人資產」。總資產之中如果還包含了別人的錢，即使總資產再多，也不代表這個人就是真正的有錢人。負債愈多的人愈有錢，豈不是很奇怪？

也就是說「全球富豪排名」裡，可能也包含了因為負債多而上榜的人，或是總資產多負債也多的人。事實上就有報導指出，軟體銀行的孫正義社長、ZOZO[12]的澤友作前社長，都曾抵押自家公司的股票貸款。基本上我對別人的壞消息沒興趣，因此沒有詳細了解實情。我並不是要強調這兩位都有負債，毋庸置疑，他們兩人都是我遠遠比不上的超級富豪。我想說的是，世人往往習慣只看總資產，卻沒有考慮到其中是否包含負債，這種傾向不正確。負債是一定要償還的；只要有負債，資金調度就會出現問題，還款逾

12 日本最大流行服飾購物網站「ZOZOTOWN」的母公司。

期就會破產。相反地，只要沒有負債，就無須擔心破產。

因此，要確定一個有錢人是否無須擔憂破產，就必須用總資產減去負債，根據對方的「淨資產」多寡來判斷。相對於總資產裡可能包含別人的錢，淨資產正如其名稱，純粹是「只屬於自己的資產」。

我再提一個判讀資產時的重點，那就是資產額的評比標準是根據市場價格（目前的價格）。市場價格時常變動，幾個月之前的評比與現在有可能完全不同。目前全球富豪手上的資產市值，在新冠肺炎疫情之後均大幅下跌。也就是說，像這次這樣的市場崩盤，就足以使得資產價值瞬間蒸發。

即使我擁有不動產、公司債、股票、虛擬貨幣也不能倖免。不會受到市場價格變動影響的唯有現金。所以發生金融危機時，大家才會說：「現金為王（Cash is king）」。

再回到流量與存量的話題。流量有停止流動的風險。反之，存量（現金亦屬之）本不存在停止的概念。前面提過變動資產會發生市值評比下跌的問題，但已經累積的存量並不會消失。尤其如果存量是優質股票或優質不動產，股票會持續發放股利，而不動產會帶來持續的房租收入。

因此，只要淨資產夠多，即使年收為零，這個人也仍然是有錢人。而且淨資產還可以一點一點地變現（換成現金）讓你活下去。

話說回來，以年收來定義一個人富有與否也是眾說紛紜；有一說認為年收入三千萬日圓（約新台幣八百零九萬元）以上才算是有錢人。

我們來比較看看年收三千萬與年收為零的人。

假設一個年收三千萬的人，淨資產只有一千萬日圓的存款。另一方面，年收為零的人淨資產卻有三十億日圓。即使比較兩人幾十年後的情況，仍然是年收入零但淨資產多的人，才是毋庸置疑的有錢人。

年收三千萬日圓的話，累進稅率也會提高。從實質稅率（或稱有效稅率）的角度來看，收入扣除稅金等各項費用之後，大概會剩下兩千萬日圓（約新台幣五百四十萬元）左右。這麼一來，假使這兩千萬全部存起來，十年後也只有兩億日圓（約新台幣五千四百萬元），一百年後也只有二十億日圓（約新台幣五億四千萬元）。

因此，年收入三千萬與年收入零的人，誰是有錢人一目了然。

也就是說，不管年收入比一般老百姓高多少，即使用上一輩子的時間，也贏不了淨資產多的人。所以，假如你今後的年收入（流量）增加，也不要就此鬆懈，接下來能否累積淨資產，才是真正的戰局。

可處分所得愈多財富就愈多

致富心法 9

真正的有錢人是「淨資產」多的人，不是年收入多的人

繼續上一節的話題，從「年收入多寡」判斷一個人的身價，這個做法還有一個問題。信奉年收入的人大多認為收入就是領到的總金額（gross），但我認為年收入應該從淨利（net）的角度來思考才對。

舉例來說，以書店裡隨處可見的「年收千萬」書籍為例。

我記得根據統計結果，年收入一千萬日圓的人只占日本全國總勞動人口的四．五％。大家想像的應該是大企業員工、律師、醫生等菁英住在豪宅的樣子吧？

一般人一聽到年收入一千萬日圓，想到的往往是一千萬日圓直接入袋的畫面。但仔細算過後，你會知道事實上根本不可能。

因為政府的稅制改革影響，可以從課稅所得減去的基本扣除額和扶養扣除額經常變動，對日本國民來說有時是加稅，有時是減稅。但目前的趨勢基本上是加稅。不管哪一種，在現在這個時間點來看，年收入一千萬日圓扣掉稅金等之後，實際拿到的錢大約是七百萬日圓（約新台幣一百八十九萬元）。

要想探討年收入一千萬日圓的真實狀況，第一步必須先由這裡切入。在這個階段，三百萬日圓（約新台幣八十一萬元）已經從你手上飛走了。

接著我們再從扣稅剩下的七百萬日圓，減去每個月生活不可或缺的各項開銷。首先是房租十萬日圓（約新台幣兩萬七千元）、三餐和衣服等生活費十萬日圓、小孩的教育費五萬日圓（約新台幣一萬四千元）、工作或朋友的交際費四萬日圓（約新台幣一萬元）、通訊網路費一萬日圓（約新台幣兩千七百元）……這些花費累計下來，總共要扣掉三十萬日圓（約新台幣八萬一千元）。

一整年扣稅之後的收入是七百萬日圓，相當於每個月約五十八萬日圓（約新台幣十六萬元）。

這五十八萬日圓扣掉每月必須花費三十萬之後，只剩下二十八萬（約新台幣七萬五千元）。

一個月二十八萬日圓的話，十二個月就是三百三十六萬日圓（約新台幣九十萬元）。

也就是說，年收入一千萬日圓的人真正的年收入，其實是三百三十六萬日圓。扣掉所有必要支出之後的金額稱為「可處分所得」。可處分所得的多寡才是累積財富的關鍵。可處分所得愈多，愈有可能成為有錢人。

年收入一千萬日圓乍聽之下很多，但從可處分所得來看，其實並非如此。假如背負房貸，或是住在房租更貴的房子，又或者小孩的教育費更花錢，可處分所得就會更少。

以企業來打比方的話，年收入就像是「總營業額（年營收）」，而可處分所得就相當於「淨利」。同樣的道理也適用於公司。

媒體經常介紹某經營者「年營收一百億日圓（約新台幣二十七億元）」。

但是，不管年營收有多少，假如淨利很少的話，代表這家公司根本不賺錢，這樣的經營者不能說是有錢人。

如果年營收一百億日圓，但本期稅後淨損（赤字）高達十億日圓，那可就不妙了。意思是在社長呼吸的同時，錢正在逐漸消失。而社長為了填補赤字，必須先把個人資產投入公司。這麼一來別說成為有錢人，哪天突然宣布破產也不奇怪。

《莊子．天運篇》有云：「勞而無功，身必有殃。」這種狀況也有可能發生在個人身上。

假設某人年收入有一千萬日圓，可處分所得只有一百萬日圓，這個人成為有錢人的可能性就很低，必須從今天起徹底改變用錢的方式，努力大幅提升可處分所得。不管你是年收入三千萬或一億都一樣。可處分所得的多寡，將是你今後能否成為真正有錢人所需的淨資產基礎。

我再重申一次，有錢人指的是淨資產高的人，不是年收入高的人。想要徹底改變想法，改以高淨資產為目標，就必須先從否定年收入的神話開始。

錢的「總量」不會變，改變的是流向

想要成為有錢人，必須先具備的理財素養還有一個。

就是你必須有這樣的觀念——不管大環境再艱難，「錢的總量不會改變」。

我有在投資，因此社會一旦發生重大變化，我就會想：「錢接下來會往哪裡移動？」

舉例來說，新冠肺炎全球大流行之後，許多人表示：「經濟完蛋了。」出於這種恐懼，他們把所有投資都換成現金，只想著停損，並待在家裡避免外出。

然而，我沒有因此感到恐懼，而是冷靜地分析哪些公司受到新冠肺炎疫情影響而業績下滑，而又有哪些公司的業績不降反升。

由於世界各國正在實施邊境封鎖，禁止搭機搭船出國；政府也呼籲民眾避免參加活動。仰賴外國觀光客的觀光業、零售業、航空業、餐飲業都無可避免地遭受打擊。

另一方面，很多人避免外食或外出，改採窩在家裡消費，因此提升了某些產業的生意。例如：外送服務、串流影音服務、手機遊戲等。實際上，網路視訊會議系統 Zoom 的使用者也大幅激增。達美樂披薩也在疫情爆發之後，擴大了外送需求，因此宣布雇用五千兩百名員工，並以兼職人員為徵才重點。

另外，根據 CNN 的報導，德國的成人性愛用品製造商營業額也比預期增加一．五倍，尤其是義大利、香港、美國、加拿大、日本的需求量最高。報導中指出「長期單身或與伴侶被迫待在家裡，民眾開始摸索善用時間、好好享受居家時光的方法」。

也就是說，有些公司業績下滑，卻也有些公司的業績逆勢成長。現在發生的這一切不過是變化。過渡期的錢往往都是這樣，一方之所得必為一方之所失，這就是賽局理論中的「零和思維」。零和思維的意思是正負加起來等於零。假設 A 團體的人虧錢變窮，B 團體的人就會因為賺走 A 團體的錢而變成有錢人。

過去有一段時期，我經常主張新富階級即將誕生。

距今大約十年前，正好是雷曼危機結束時，我放棄生產衣服，改投入情報資訊產業，當時我預測接下來將是內容產業時代的高峰。我認為財富會從過去生產物品的人，流向生產內容的人，以及那些讓內容在新平台上流通的人。

十年過去了，這樣的時代逐漸迎來盛世。YouTuber 就是其中一種，note 線上沙龍服務[13]也是其中一種。就像這樣，某人的危機有可能成為其他人的轉機。對於後來加入的人、第一次接觸的人來說，更是顯而易見的機會。

13 note是日本的網路服務，創作者可在該網站上開設自己的沙龍發表作品或開班授課，並收費招攬成員，費用從日幣一百到數千圓不等。沙龍的內容包括閒聊、攝影、寫作、咖啡教學等等，應有盡有。

✳你一是一否一期一待一遇一上一強一敵一？一

致富心法

10

危機帶來轉變，轉變就是成功的契機

我認為經過此次新冠肺炎疫情，今後會演變成個人活躍的時代。當全世界為了緩和疫情大流行而必須重視衛生時，自然會發現公司要維持多人集體上下班的龐大組織有多困難。其中的代表例子就是，日本最具代表性的科技產業集團 GMO Internet, Inc. 首先早要求員工改成在家工作。

今後，遠端工作、線上教育、遠距醫療、在家消費的需求將會愈來愈多，有能力向大眾發聲的個人在這種環境下將會具有優勢。全球目前正在急速提升衛生水準。這項改變使人們重新審視與非特定多數人的近距離接觸，而我之前一直在提倡的「小我時代」終於正式登場，連帶也改變了金錢的流向。

今後的關鍵是「窄而深的牢固關係」。在大眾澡堂、酒館等公共場合與初見面的人一見如故、相處融洽，將成為舊時代的過時行為。我只是沒想到，自己早在十年前就預測會出現的社會，居然因為新冠肺炎疫情提早實現了。

錢只會往最賺錢的地方移動。前文也提過，**金錢的總量不會改變，當某一方的錢減少，代表其他人賺錢的機會來了。**遭遇危機時只知道崩潰抱怨，情況只會愈來愈壞。重要的是改變想法，無論遭遇任何危機，都要質疑這是不是另一個機會。

此時最重要的是分辨哪艘船會沉沒；假如你判斷自己正在那條船上，請立刻下船。

相反地，假如你找到了接下來將會航向繁榮與興盛的船隻，就要鼓起勇氣登船。

各位記住這一點之後，我們再來回頭看看金融市場。二〇一六年的美國總統大選最後確定由川普獲勝時，金融市場把這位行事出人意表的新總統定義為「川普風險」。理由是川普的決策難以預測，也不知道他會說出哪些話。

然而，等川普實際繼任總統之後，金融市場只有一開始急速下跌，很快地，包括日經指數在內的全球股市，就因為對他的經濟政策充滿期待而急速上揚。其中，美國最具代表性的道瓊工業平均指數（道瓊指數）甚至出現歷史最高點的紀錄。這個現象稱為「川普交易」。從結果來看，實際出現的趨勢是大盤走高，可是不久之前眾人對盤勢原本還是悲觀看待。也就是說，當時的變化成為一個機會。我也在那段時期增資對股票和虛擬貨幣的投資，所以這次的暴跌雖然也有損失，整體來說我的投資仍是賺錢的。

掌握金錢流動趨勢，晉身新富階級

大環境如此混亂，有人會試圖散布假消息藉此獲利。或許不該說那是假消息，而是市場本身已經發生錯亂。悲觀主義者總是太悲觀，而樂觀主義者又總是太樂觀；看到這些人，我很想問難道就不能採取中庸之道嗎？但似乎真的很難。人們的想法總是像鐘擺一樣極端且來回搖擺不定。這時候千萬不能輕易相信任何消息。一旦發生類似這次新冠肺炎疫情的大問題，直到昨天為止都還很悲觀的人，今天卻突然樂觀起來，被這樣猶如躁鬱症患者的極端意見左右，只是浪費自己的時間和勞力。最重要的是，你自己認為的趨勢走向是往哪邊走？

根據我的判斷，股市對於新冠肺炎疫情是反應過度了。事實上在我撰寫本書時（本書全書稿完成時間是二〇二〇年四月），正好碰上美國失業保險申請件數創下歷年新高，增加到六百六十四萬件，之後才短短兩週就暴增到一千萬件。單從這個數字來看，你大概會覺得經濟完蛋了，但這只是企業為了防止疫情擴大，暫時讓員工放無薪假所造成的影響罷了。

假如之後發明效果顯著的疫苗，或是找到有效防止傳染擴大的方法，經濟活動就能快速重啟。至於重啟的時期是什麼時候，我也不知道，不過我認為投資市場最後必然能夠強勢復甦。

為什麼我敢如此篤定？前面也提過，經濟活動即使受到限制，仍在背地裡生生不息地進行著，轉變成因應當下情況的另一種型態，以全新的形式滿足人類的需求。

就這一點來看，外出服飾的銷售量或許會減少，餐飲店的來客數或許無法恢復，但是這些產業減少的錢，應該會流向其他的新需求。重點在於如何看準時機掌握新需求。

在此為大家重點整理前面提過的內容，並與各位分享我今後的趨勢預測：

❶貫徹水庫式經營理念的日本，習慣將保留盈餘存起來，因此具有相對優勢，最後得以在疫情肆虐下存活。

❷日本的衛生水準與習慣本來就很好，從全球的角度來看，新冠肺炎疫情的影響也相對較小。當然，日本防止疫情擴大的措施與檢查，以現狀來說稍嫌不足，因為在我居住的泰國和阿拉伯聯合大公國這些國家，甚至動用法律嚴格禁止商家營業、民眾外出，但我始終相信日本能夠在疫情大爆發之前，找到全球通用的解決方法。只不過對於這部分我沒有確切的依據。

❸民眾都待在家裡不出門，因此在家投資的潮流與充實住家生活的服務將會盛行。

像新冠肺炎這樣的總體經濟因素，往往就是改變遊戲規則的起點。在新的金錢遊戲中，新富階層即將崛起，取代舊日的有錢人。當舊大陸的發財樹逐漸枯萎，於此同時，新大陸的發財樹正在大量成長茁壯。

從這個角度來說，新冠肺炎疫情反而是大好機會，這是我一直以來的想法。不過，在這樣的非常時期，如果仍堅持以往過時的方法、領域、思考模式，多半會被淘汰。未來不見得就是過去的延伸。為了讓改變成為轉機，有時也要捨棄原本的做法、習慣、文化、思考模式，從零開始進行全新的挑戰。如果能夠這麼做，風險就不再是風險，而是機會。

結論就是，你能否改變自己的想法，把現下這種情況想成「錢只是換個位置而已，一定還有其他機會能夠賺到錢」。我想這應該不是一件很困難的事吧。

我們雖然不是《七龍珠Z》的悟空，不過可以學他「一遇到強敵就很興奮」，當風險來臨時，把它當成轉機樂在其中，這是成為有錢人的關鍵。

第 2 章

守住財富

致富心法

11

想成為有錢人，必須有「滿足心靈的最低限度支出」

想要成為有錢人，必須養成「守財」的習慣。

一聽到守財，你或許以為就是已經成為有錢人的人設法維持自己的淨資產不減少。完全不對！各位今後在創造財富的過程中，一定要做到一件事：這世上有許多危險陷阱會奪走你手上珍貴的財富。在創造財富的同時，如果你無法遠離這些陷阱守住財富，你的淨資產將永遠不會增加，始終在原地踏步。

為了避免這種情況發生，首先你必須仔細掌握自己「真正的年收入」。所謂真正的年收入，指的是第一章提過的，用年收入扣掉所有生活必要開支算出來的「可處分所得（個人淨利）」。

跟經營公司一樣，生活也有許多必要支出。這些支出大致上可分為「固定支出」和「變動支出」這兩類，主要細項如下：

【固定支出】居住費（房租、房貸）、保險費、自來水費、電費、通訊網路費、教育費……金額固定且每個月都必須支付的開銷。

【變動支出】餐費、日常用品費、醫療費、治裝費、娛樂交際費、雜支……自己能夠控制金額多寡的可變動開銷。

以會計術語來說的話，變動支出就是隨著營業額增減的開銷。舉例來說，假設餐飲店收下顧客支付的一萬日圓（約新台幣兩千七百元），要付給信用卡公司三％的刷卡手續費，也就是三百日圓（約新台幣八十一元），這時三百日圓就是變動支出。假使營業額為兩萬日圓（約新台幣五千四百元），必須付給信用卡公司的手續費就是六百日圓（約新台幣一百六十二元）。這筆支出就像這樣，會隨著營業額變動。

但是，個人的固定支出與變動支出，就沒有必要像這樣按照會計上的定義去思考，只須照字面上的意思理解即可。金額單純不變的就是固定支出；可按照個人意願變動的就是變動支出。我之所以用固定支出和變動支出等專業術語來說明個人支出，只是為了方便各位理解而已。首先，固定支出是為了活下去的最低營運成本。因為沒有住處會很困擾，沒有手機則非常不方便。

一味省錢，反而無法累積財富

可處分所得少的人往往以為必須把固定支出縮減到極限，才能夠增加可處分所得。理財顧問或省錢達人給的建議都是陳腔濫調，他們只會告訴你：「這筆和那筆支出都是浪費，請全部刪除。」

我要告訴你的，不是「總之就是縮減開銷」這麼單純的答案。因為，**不合理的節約，其實並非好辦法。**

以我個人來說，那些憂心未來會出事而繳納的保險費，以及定時定額收費的服務的確應該中止，但三餐和居住環境至少必須維持一定的水準。如同我前面提過的，在家工作的重要性提升之後，飲食和居住環境對於工作表現會有很大的影響。乾淨衛生的居住環境、快速好用的網路、健康適量的飲食——如果捨不得這些投資，以中長期來說你將不會有好的表現。

另一方面，假如你考慮縮減變動支出，交際費往往是第一個削減的支出；但與朋友聚餐喝酒對於紓解壓力又有一定的效果，也有人把這當成努力的動力。

要活得有活力，心理層面的養分不可或缺，所以不應該停掉所有娛樂，因此我不會刪掉與交往對象約會的支出。事實上，當初我落魄至極的時候，也沒有省下與那時還是女友的妻子交往的支出。那是激勵我努力下去的唯一動力。

另外，買書學習也很重要。我在落魄時也沒有停止做的就是買書。人沒有知識，就無法繼續向前。

這些說起來其實與日本憲法的條文有異曲同工之妙。日本憲法第二十五條第一項將「健康且最低限度的文化生活」視為國民的權利，認為應該給予保障。這裡所謂的健康是什麼？文化又是什麼？我們必須針對這兩點仔細思考。

想要成為有錢人，首要條件就是「舒服地活著」。

原因在於，一個人的心理若不健康，思考就會鈍化，一事無成。人們要能配合情況適度思考，解決現實中的問題，大前提就是必須保持心理的健全。心理（精神）一旦不穩定，職場與家庭內部就會產生不協調的雜音，甚至做出平時不會出現的暴力行為。

環境是讓自我現形的一面鏡子；妻子心情不好就是你行為的反射。如果你想要打造理想的環境，首先就必須振作自己的精神。你四周的世界不是別人造成的，那是你內心的投射。

一味地節儉、禁慾，把自己逼到這種狀態，只會帶來反效果。我希望各位常保良好的心理狀態，好面對未來更大的挑戰。

像這樣子，維持心理健全狀態所必須的最低限度支出，我稱為「生活成本」。

這是一個人面對挑戰時不可或缺的支出。因此，並非所有需求都割捨就是最好的守財方法。每個人要維持心理健全所必須付出的成本因人而異，所以你應該自行認真思考找出結論，分辨這個是必要的、那個不是。當中也會有一些你必須狠心割捨的事物。以固定支出為例，為了減少房租支出，你有時也需要先租狀況較差的物件來住。這一切的判斷標準就在於是否符合「能讓心靈經常處於滿足狀態的最低限度支出」。「處於滿足狀態」與「最低限度」，這兩個條件是互相矛盾的。也就是說，決策要講究平衡；支出過多不行，過度削減也不行。

而扣除生活成本剩下的錢，才是你實際的年收入（可處分所得）。

「真正的年收」不是賺多少錢，而是剩多少錢

繼續思考下去，我們會發現一個真相。

也就是說，即使年收入同樣是一千萬日圓，實際年收入也會因人而異。

假設有兩個在一流商社工作的菁英上班族，兩人的年齡都是三十歲左右，單身，年收入同樣是一千萬日圓。A員工手邊剩下的可處分所得是一年三百萬日圓（約新台幣八十一萬元）；相反地，B員工只有他的十分之一，也就是三十萬日圓（約新台幣八萬一千元）。A員工過著健康又充實的極簡生活，沒有太多物品；B員工則是物欲強，而

且背負了龐大的房貸和車貸。

就像這樣，從可處分所得的角度思考就會發現，稅前年收入同樣都是一千萬日圓的人之間也有很大的差異；A員工與B員工的年收入實際上就相差了十倍之多。

接下來，我們以比較貼近一般人現實狀況的年收入當作標準，再來思考可處分所得的問題吧。

根據日本國稅局的〈民間薪資實況調查〉最新數據顯示，日本國民平均年收入大約是四百四十一萬日圓（約新台幣一百一十九萬元）。

各位也清楚，公司每個月發的薪資會先扣除健保費、勞保費、所得稅、住民稅。健保費、所得稅的稅率根據薪資額度有所不同；年收入四百四十一萬日圓的話，實際上能領到的金額大約是三百五十四萬日圓（約新台幣九十六萬元）。

然後，再用三百五十四萬日圓扣掉一整年的生活成本：

【公寓大樓等房租】一個月十萬日圓×十二個月＝一百二十萬日圓
【瓦斯、水電費】一個月二萬日圓×十二個月＝二十四萬日圓
【食材或外食費】一個月八萬日圓×十二個月＝九十六萬日圓

【日常用品費】一個月一萬日圓×十二個月＝十二萬日圓
【醫藥費】一個月一萬日圓×十二個月＝十二萬日圓
【手機與網路費】一個月一萬日圓×十二個月＝十二萬日圓
【治裝費】一個月二萬日圓×十二個月＝二十四萬日圓
【與朋友、家人、交往對象的交際費】一個月二萬日圓×十二個月＝二十四萬日圓
【其他雜支】一個月〇．五萬日圓×十二個月＝六萬日圓

生活成本合計約三百三十萬日圓（約新台幣八十九萬元）。用三百五十四萬去減，就只剩下二十四萬。也就是說，即使年收入達到平均值，可處分所得頂多也只有二十四萬日圓。

你或許不想面對這個真相，但這才是你的實際年收入。

把這筆錢換算成每個月的收入，你的月收入就是二萬日圓（約新台幣五千四百元）。一切都要像這樣，**從淨利的角度思考，你才能夠認清嚴峻的現實。用稅前金額來談年收入的話，你永遠無法增加淨資產。**

再說這每月二萬的金額，也不是你可以盡情花用的錢；其中一半必須存起來當作

「一決勝負的資金」。存下來的這筆錢將來用在哪裡，正是你能否成為有錢人的最大關鍵。

這是一筆很重要的存款，千萬別動用這筆錢去滿足你個人臨時起意的欲望。想要成為有錢人，就是過著能滿足你最低需求的簡樸生活，並靠那筆珍貴的存款一決勝負，別無他法。

因此，我們要做的就是改善目前的現金流。我在前面例子中列舉的金額只是大概的數字，有些實際支出或許更少。相反地，如果你的支出比我隨便列舉出的金額還高，你就必須重新檢視自己的開銷。關鍵是在確保自己的精神狀態健全的同時，逐步縮減最低限度的支出。

懂得面對錯誤才能換得自由

致富心法 12

即使會難受，仍要鼓起勇氣推翻過去的錯誤決定

我十分反對未經規畫的節省，不過該刪減的支出就要確實刪減，做好「連一毛錢都不浪費」的心理準備。

我認為首先必須削減的最大筆支出就是房貸。

國家對於買房的人會提供房貸減稅等優惠政策；因為貸款利息低，即使房貸很高，民眾也同樣趨之若鶩。而且大多數人都覺得貸款買房比付錢租房子更合理。

一般也經常聽到「租房子是付錢給房東，繳貸款房子就是自己的」這種說法。許多人就是因為這種迷思，毫不猶豫地貸款買房。

但是，如果問我的話，我會說貸款買房是絕對不能做的事情之一。

房貸的貸款金額高，還款時間長，儘管利息低，但是從結果來看，付出的利息也是一大筆錢。想當然耳，銀行想賺的就是利息，而你就成了這種制度下的肥羊。

再說，房子的資產價值最高峰就是剛蓋好的時候，之後會隨著屋齡愈高逐漸下跌。如果是地段絕佳的市中心摩天大樓自然就另當別論，否則屋齡在買賣估價時確實會拉低價格。

那些努力存到頭期款、以貸款方式買下三千萬日圓（約新台幣八百一十萬元）房子的人或許會以為：「這樣一來我的固定資產就有三千萬日圓了。」但之後請人來估價時，房子的實際價值往往只有一千萬日圓。

各位最好記住一件事：三千萬日圓買進的房子要直接以原價或更高的四千萬日圓（約新台幣一千零八十萬元）賣出，是相當罕見的情況。

也就是說，你很難期待不動產「將來會升值」。

而且房貸就是讓你必須長期背負數千萬日圓債務的龐大負擔。

各位想想，人類這種生物，每半年或一年想法就會出現變化。我相信各位應該都有事後回想起來不免後悔「我當時為什麼要買那個東西？」的經驗吧。過了一年你就會推翻現在的想法，這種情況在瞬息萬變的現今更是普遍。到時候你很可能因為嚮往都市生活而想搬家，或是因為調職必須出國。

貸款買房子等於你要被房貸綁住超過三十年。你或許會覺得把房子租出去就可以回本，但只有位在東京市中心的房子才有穩定的需求。如果房子買在市場需求偏低的偏遠縣市或鄉下，你可能要有心理準備，自己恐怕難以忍受背負房貸長達三十年以上。

即使我這麼說，我想多數人還是會認為「我的判斷不會出錯」。

這些人為了付房貸吃盡苦頭，卻仍自我安慰「只要再繳三十年，房子就是我的了」。他們只聽那些對自己有利的房屋交易成功案例，絕不接受失敗案例。

這也是一種典型的「優越幻象」。這種人不承認自己的錯誤，始終認為自己過去的決定「不會有錯」，一意孤行讓問題更加惡化。

我在序章中也提過，人一旦產生自己比別人優越的錯覺，就很難成為有錢人；因為這種人無法做到「停損」，只會浪費白白時間在沒有效益的事情上。**想要成為有錢人，一定會遇到必須忍痛推翻自己過去決定的時刻。**但過去的決定，不過是當時的自己所能做的、自認最好的選擇。

每個人都會犯錯，這不是什麼問題，問題在於「犯錯卻不承認」。這會害你多走很多冤枉路，遲遲無法前進，浪費了寶貴的時間。

即使會虧損，也要立刻處理掉房貸、車貸

「停損」原本是股票投資術語，意思是「手中持有的股票股價下跌，現在賣掉雖然會虧損，但為了避免更大的損失，所以在損失不太大之前賣掉」。

停損在人生各種場合中絕對必要，例如：退出看不到成長的新創事業、斬斷浪費時間與金錢的人際關係等。原因在於，就連天才也無法保證自己的每個決定都正確，更何

況我們只是凡人呢？人無法總是做出正確的選擇，即使是天才也有可能選擇錯誤。既然如此，我們必須定期審視自己的決定，推翻過去自己的錯誤選擇，否則只會浪費時間，在地獄裡待得更久，而且愈來愈難補救。否定自己的選擇很困難，卻是影響你是否能夠成長的重要關鍵。

背負房貸的人現在必須要做的就是停損。做出這個決定確實需要足夠的勇氣。房產價值很有可能比你購買時低，賣掉也不見得能獲利。假如賣掉能獲利，就應該立即出售，但多數情況往往是賣掉房子的錢還得再自掏腰包，才足以抵銷剩餘的房貸。

儘管如此，我還是認為即使會因此負債，仍應該解除房貸。這麼做是為了讓生活更有彈性，保障自己隨時都能前往任何地方的自由。不是我誇大其辭，這種自由必然將成為本世紀的重點。

我堅持在不同國家都設有住處，現在同時擁有菲律賓SRRV[14]、馬來西亞MM2H[15]、

14 特別退休居民簽證，Special Resident Retiree's Visa的縮寫。是菲律賓政府為了吸引外國人士攜帶資金到菲律賓享受退休生活，於一九八五年頒布的移民政策。

15 馬來西亞第二家園計畫，The Malaysia My Second Home program的縮寫。是馬來西亞政府頒布的國際居留計畫，允許外國人以長達十年居留簽證居住在馬來西亞。

泰國菁英簽證「泰益利尊榮卡」[16]、杜拜投資簽證，可以在這四個國家居住。這些都是發給外國人的簽證，效力相當於永久居住權。

在變化劇烈的時代，難以預測哪個國家的法律會突然對我們不利。事實上，原本全面免稅的杜拜，到了二〇一八年也突然採行消費稅（VAT）政策。另一方面，所有人今年初看到美國和伊朗在打仗，認為中東情勢危急，沒想到一個月後美伊問題就逐漸緩和了[17]。世界的變化就是這麼劇烈，而大眾的評價也可能在短短時間內出現一百八十度的轉變。

今日的正義不見得就是明日的正義，就連國家領袖也會面臨許多意想不到的情況，更何況是平凡弱小的個人。我不可能掌控一切，所以我刻意分散住處，方便萬一出事時能夠隨時換地方住。我預先留了後路，所以隨時都能夠快速移動到最適合工作的環境。

時代已經演變成不可能根據現階段的決策或類推，去預測未來的一切，因此我們必須先確保自己擁有行動的自由，不管未來發生什麼變化都能快速因應。而現金存款也是其中的準備之一。

假設事態以如此戲劇性的速度突生變化的話，各位應該就可以理解，為何迫使你必須定居在一處的房貸不是好選擇了。與其要付房貸又受到束縛，不如住在租金差不多的出租大樓，至少你能擁有隨時搬家的自由，或是乾脆搬回父母家，省下房貸的錢，這麼一來應該能夠大幅改善現金流。只要能夠消除鉅額的房貸負債，就能夠解除心理的負擔，也更容易維持精神狀態的健全。

只不過，為了謹慎起見，請容我提醒一句，我並不是否定買房置產。前面也曾提過，我本人就擁有許多不動產。我想說的是，為了因應時代的劇烈變化，我們應該保持彈性與自由，絕對不能因為負債而苦惱。負債在未來將變成對你不利的條件，比起背負高額貸款的人，無債一身輕的人更有可能掌握住機會。假如要買房置產，建立無可動搖的淨資產，你應該用現金一次付清購屋款項。

同樣的道理在汽車貸款也適用。車貸只是金額比房貸低，兩者同樣都會使你長期受到債務的束縛。就算你是一次付清現款買車，假如你只是偶爾才開車或只是為了玩車，

16 Thailand Elite Privilege Card，又稱泰國特別長期簽證，是二〇〇三年泰國政府為了促進泰國旅遊經濟發展，以國家級俱樂部會員方式吸引全球各界菁英而創設，由泰國政府發給富裕的外國訪客最長效期可達二十年的多次入境簽證，附有其他貴賓優惠。

17 本書完成時間為二〇二〇年四月，兩國間的衝突雖一度緩和，自五月起雙方多次發生衝突，目前仍處於緊張狀態。

你應該馬上打消買車的念頭。

買車時，除了車子本身之外，還有其他林林總總的支出。首先，買車之前要提出車庫證明[18]、繳納法律規定的相關費用、驗車登記費等，還有汽車牌照稅、重量稅等稅金、汽車強制險等保險。此外，還有停車場租金、油錢、高速公路過路費等。在車輛的保養維護上，兩年一次的驗車費、換機油、換輪胎、維修費……也都是必要開銷，一筆又一筆的支出令人頭疼。

把這些花費全部算入買車開銷的話，相較之下，只在必要時才搭的計程車費金額加總起來反而比較便宜。更別說當車子發生各種情況時，你還得花不少寶貴時間處理。因此，比起買車，非到不得已時才「配合需求」搭乘計程車比較划算。

如果無論如何都需要車，利用既有的租車模式也是一個辦法。

畢竟，不管是住宅也好，汽車也好，在你累積出過人的淨資產之前就「擁有」這些，都是錯誤的決定。若你想要建立比現在更理想的現金流累積資金，第一步就是先捨棄「擁有」的欲望。

18日本規定要有車庫或停車位才可購車。

欺瞞消費者的危險陷阱

致富心法 13

全世界的宣傳廣告九九%都是「甜蜜陷阱」

看完前一篇，你或許會認為，既然如此，乾脆選擇共享汽車或訂閱式租車。

「訂閱」是每月繳納固定費用使用某物品或某服務的商業模式，無須一次支付全額買斷商品。這種商業模式原本只用於影音網站、串流音樂平台，最近全球最大的汽車製造商豐田也推出這類服務，提供全新的車輛使用方式。

但是我對訂閱式租車服務充滿懷疑。

這種商業模式是會員每月固定繳一筆租用費，實際上與貸款買車別無二致，解約時還有可能得多浪費一筆錢。另外，為了避免訂閱的會員中途解約，業者會刻意擬定複雜的解約機制。有些服務甚至會綁定使用期限，提前解約必須收取違約金。就連豐田汽車的訂閱式租車也規定，如果不是在每六個月一次的換約期解約的話，必須收取兩個月的違約金。這種情況與日本過去的三大行動電話公司[19]一樣，解約門檻總是設得特別高。

這樣一來，訂閱式租車就與傳統租車沒兩樣，兩者的差別只在於是否包含任意責任保險。也就是說，兩者實質上是一樣的東西，只是呈現的方式不同罷了。

其他還有許多類似的例子。比方說，我過去經營的情報資訊販賣公司，經常有人批評是毫無內容的投機事業，但現在卻變身成為「線上沙龍」、「note」，也有許多名人在經營。各位仔細想想，那些其實就是「販賣經過包裝的情報資訊」，只不過是換了介面或平台，改變行銷方式罷了。

另外，年輕女性找上中年男性獻身的生意，自古以來就以各種形式存在，並在幾年前以「爸爸活」[20]的新名稱捲土重來。「援助交際」這個說法不好聽，「爸爸活」感覺上就好聽多了。在這個世界上，像這樣本質上相同，只是改變呈現方式的事物不計其數。訂閱式租車服務有部分內容其實也和傳統租車差不多，只是換了一個方式呈現，透過形象的操弄，讓訂閱式租車看起來比傳統租車更美好而已。

這就是所謂的「舊酒裝新瓶」，業者將已有的商品或服務換個新名稱，試圖讓消費者認為這是前所未有的全新商品或服務。因此，我們更應該時常深入思考事物的本質。

社會上到處都是想要騙你花錢的危險陷阱。

電視上大量播放著帥哥美女擔任形象代言人的廣告；街頭、車站也到處都是吸引目光的平面廣告和活動。再加上社群網站上網紅的商品宣傳、部落客的成功瘦身經驗、伴

19 即NTT DoCoMo、au和SoftBank mobile。

20 於二〇一四年左右出現在日本社群網站上的名詞，女性為有錢的年長男性提供服務，換取經濟援助，類似援助交際。在日本，找尋結婚對象的聯誼相親活動稱為「婚活」；大學生畢業找工作稱為「就活」，即就業活動的簡稱。因此把找乾爹提供經濟援助稱為「爸爸活」。

裝成一般新聞報導的企業置入性行銷……真要一一列舉的話，實在是不勝枚舉。

我把這些全都稱為「甜蜜陷阱」。甜蜜陷阱原本的意思是，女間諜利用美色接近政客或外交官，掌握其弱點獲得機密情報，一般稱為桃色陷阱。而以誘人的字句誇大商品的效用，誘使消費者花錢的行為，就跟前述的「甜蜜陷阱」一樣。各位千萬要記住，這世上九九％的宣傳廣告，都是甜蜜陷阱。問題在於，多數人都是「心甘情願」自投羅網。最具代表性的例子就是電視購物節目。電視購物的特徵就是主持人會連珠炮地喊著乍聽之下非常划算的關鍵字，例如：「每月只要三千日圓」、「限量三百個」、「分期零利率」、「現在買還加送這項商品」。聽著這些煽動人心的台詞，電視前的觀眾忍不住就會上鉤，心想「每月才三千日圓的話，那就買吧」，掉入商人的陷阱。

分期付款的每月分期金額愈低，商品賣得愈好，所以主持人只會不斷強調「每月只要多少錢」。在我看來，這很明顯是電視購物業者慣用的伎倆，用來引誘觀眾掉進甜蜜陷阱。但是，看著那些趨之若鶩的人，你真的會忍不住懷疑「他們是故意掉進那些陷阱的嗎？」明明應該努力增加可處分所得，卻隨便亂花錢，這樣資產怎麼可能增加？那些買回家的商品很快就會成為廢物，但你卻仍要繼續支付它的費用，還真是一筆冤枉錢。因此，掏錢買東西之前，請務必三思再三思。

愈大的公司，愈會把消費者當成肥羊

話說回來，你是否覺得自己是「不會上當」的那群人呢？假如你的回答是 YES，可得要小心了。**自以為聰明的人往往更容易上當受騙。也就是說，自認消息靈通的人一旦遇到等級更高的壓榨者，完全會被對方吃得死死的。**

舉例來說，酒店女公關是取悅男人賺錢的職業。無論古今中外，只要從事這份工作，每個女公關都希望男客人砸錢在自己身上。當然，她們不會在客人面前表露出來，而是滿嘴甜言蜜語，但她們的本質就是讓男人墜入溫柔鄉，把錢掏出來。而擅長從客人身上撈到錢的女公關們，再把錢花在愛馬仕柏金包，或是整形、美容保養、光顧牛郎店……成為他人的肥羊。

從整體經濟來看，把男客人當成肥羊宰的女公關，對其他行業來說也是肥羊。女公關成為男公關的肥羊，詐騙集團成為黑道的肥羊，菁英階層成為其他菁英集團的肥羊，都是基於同樣的道理。這樣的連鎖效應不斷發生，以為自己逮到肥羊的人，很容易在其他地方成為別人的肥羊；以為自己很聰明的人，往往更容易上當受騙。把別人當肥羊宰的人，最後也終將成為待宰的肥羊。以上這些都是我親身經歷過的陷阱。

尤其是相信大企業招牌或知名大學光環的人，格外容易上當；只因為是「大企業」的產品就盲目相信、毫不懷疑的人，往往第一個就被當成肥羊。

自從離開日本之後，我更能夠從不同面向來觀察日本及全世界，也因此發現愈大的企業愈會把顧客當肥羊。根據我的經驗，民眾往往會輕易相信「國際知名銀行」、「歷史悠久業界第一的公司」等光環，而這些人正是最好騙的對象。

投資信託、保險之類的契約內容，對投資人或被保險人來說肯定不友善，所以那些公司才能賺好賺飽屹立不搖。這些公司必須把成本、虧損轉嫁到其他人身上，收支才能夠打平，這就是資本主義。大公司推出的金融商品一開始就經過精算，設計成多數人無法獲利的結構。做生意也一樣；能讓大多數創業者賺錢的生意，根本就不存在。

能成為歷史悠久且規模龐大的企業，代表他們給客戶的契約，絕對是對企業本身最有利的設計，這一點各位務必要記住。大型企業容易贏得信任，因此最危險。運用資產時一定要親力親為，把錢交給別人處理那一刻，你就被當成肥羊了。

✳房貸是「金錢的牢籠」

致富心法

14

無法一次付現購買的物品
全都不適合你

我們再繼續之前的話題，談談分期付款。使用分期付款購物時，你必須想成這個商品是「一年三萬六千日圓（約新台幣九千七百元）」，而不是「每月三千日圓（約新台幣八百零九元）」。假如商品一開始就說要賣你三萬六千日圓，還會有很多人搶著打電話訂購嗎？想必多數人都不會購買吧。換成「每月三千日圓」的說法，聽起來是付得起的價格，民眾就會掏錢購買。強調總金額只會使人失去購買慾；但也因為每月分期付款的金額負擔得起，於是你就落入陷阱，一口氣買下十個或二十個，搞得自己荷包失血。請記住，任何分期付款以低價取得的東西，事後都得面臨可怕的後果。

如果是不再使用就能夠中途退訂的付費方式還好，但如果是分期付款，直到付清全額貨款之前，你都無法退訂；拒絕付款的話，債權人會讓你破產。

事實上，房貸也是相同原理的甜蜜陷阱。

很多人一聽到「房貸選擇固定利率的Flat35[21]最划算！利息最低！」等宣傳標語，就跑去申請貸款，還稱讚這種長期負債每月還款的負擔少。問題是，在這個貸款背後等著你的，是總金額三千萬日圓的鉅額債務地獄。如果不以月繳金額，改以總金額的角度去思考的話，你應該更能感受到這筆金額龐大到令人害怕。

背房貸等於是對自己處以三十年徒刑的「錢牢」。

陷入這類甜蜜陷阱的人，在我看來就像黏在蟑螂屋裡的蟑螂，被誘餌的氣味吸引上鉤，自己跑進陷阱裡。**簡單來說，你必須了解，所有無法一次輕鬆付現購買的物品，都不適合你的身分。**你將會因為腳上綁著枷鎖而痛苦很長一段時間。人類這種生物的心情說變就變，一分鐘後你就會後悔自己一分鐘前的衝動。所以你因一時情緒而想要的某個東西，只要那不是你能一次輕鬆付現購買的，都會送你去坐錢牢，千萬不能一時衝動。

以現金一次付清購買的商品，在你買下的那一刻，你就擁有了所有權，所以即使你之後不要想轉手賣掉，也能立刻拿到折價後的金額，這個商品留給你的頂多只有後悔。但如果你是以負債或分期付款的方式取得商品，直到你付完貨款之前，那個東西都不是你的，因此你沒有脫手轉賣的自由，也沒有停止支付貨款的自由，這就是錢牢。

想要的情緒只是一時的。只要暫時忍耐，事後你會發現很多東西其實你並不需要。衝動購物只會使人後悔莫及。假如你認為繳貸款很痛苦，那種動彈不得的狀態其實就跟黏在蟑螂屋裡的蟑螂沒兩樣。

不只是前面列舉的這些例子，經常浪費錢的人必須先有自覺，知道自己容易掉進日

---

21 日本政府的住宅金融支援機構與民間金融機構合作推出的住宅貸款商品名稱，提供長期且固定的貸款利率。

常生活中五花八門的甜蜜陷阱，而時時警覺小心。現在你應該重新審視過去的購物行為，看看自己為什麼沒有察覺到那些陷阱的存在。

基本原則就是「凡事存疑」

這世上存在著許多陷阱。因此，想要守住財富，就必須培養不被陷阱迷惑的避險能力。根據我的經驗，方法有兩種。

第一種方法是「凡事存疑」。信任被視為人際關係上的重要態度。一聽到要凡事存疑，你或許會覺得做人不該如此。

但如果你對凡事深信不疑，就很有可能被心懷惡意靠近的人矇騙。即使對方起初沒有惡意，他也有可能在你不知情的時候突然改變心意，這種情況也不少。從結果來說，你還是上當受騙，痛心自己的信任遭到背叛。但是，臨時改變想法的行為，其實你也經常對其他人這麼做。只要你懂得人心瞬息萬變這個真理，就能理解這種行為背後的原因。總之第一步就是對一切存疑，包括懷疑對方的心情或想法可能在不知不覺間改變，凡事存疑就能讓你避開類似的風險。

我認為容易相信他人的人都很軟弱。容易相信人聽起來很善良，也給人誠實的印象，但在現今複雜的時代，容易相信他人的人不懂隨機應變的生存法則，往往是最先犧牲的一群。

對人不疑，只知道盲從信任，你就死定了，這等於是搭上通往人生墳場的直達車。正確的順序應該不是先相信再懷疑，而是先從存疑開始，只跟值得信任的人慢慢建立關係。不是先廣泛交友再縮減人數，而是一開始就嚴格縮小交友範圍，再慢慢擴大信任圈。男女關係也是如此，投資與做生意的哲學亦是相同。「花時間測試」是不容輕忽的重要原則。另外，不只對人如此，買任何東西時，只要別輕易相信那些廣告文宣，事後就不會失望。這個世界本就充滿讓人失望的人事物，即使是沒有惡意的人也有可能性情大變，翻臉不認人。

我自己過去也曾經盲目相信他人，結果導致重大損失。那個人我姑且稱之為 A。A 的外表在六本木夜生活圈算是相當出眾。我剛認識他時，他找我去跟藝人們一起喝酒，還介紹我好幾位知名音樂人與女藝人。當時年輕的我對 A 的印象是「他是個大人物，連藝人都信任他」。

他也曾經居中牽線介紹我認識非法吸金集團；那些粗壯手臂上有刺青的黑道一看到

A出現，立刻起身問候。我在女公關俱樂部喝酒時，他喊我一聲：「嘿，翼老弟。」然後砰的一聲在我桌上放了一瓶要價幾十萬日圓的超高檔黑桃王牌香檳（Armand de Brignac）。

不管從哪個角度來看，你都只會覺得A這個人的人脈很廣，相當有人望而且有錢。可是，過了半年左右，A帶著一筆他所謂的「好生意」找上我：「有一樁不錯的買賣，你要不要加入？」當時我對A這個人早已沒有戒心，也信任他的人脈，因此聽信他的話加入投資，結果我前前後後損失了大約一億日圓。

A很有技巧，是專業級的詐騙高手，懂得動員自己的人脈使目標落入甜蜜陷阱。當時二十幾歲的我很難去懷疑像他這樣的高手。

他誘使我的虛榮心爆發，沾沾自喜。當我有了想要與名人拍照、跟藝人廝混的虛榮心，當然不可能出人頭地。我可以告訴你，在你身邊的人之中，那些經常提到自己和名人怎樣怎樣的人，不管嘴上說得再天花亂墜，也千萬別聽信他們說的任何一句話。

不過我想在此強調，我絕對不是在批評A這樣做不對，畢竟這是金融界的自然法則。也就是說，我其實不是被騙，而是自願接受對方的要求，是我自己主動走入了對方設下的陷阱。

前面也提過，當你自認消息靈通時，就已經成了比你更具優勢的人眼中的肥羊。這個道理與生物界的食物鏈相同；人類殘忍地殺掉動物來吃，同樣地，我們姑且先不討論騙子是壞人這種倫理道德的議題，騙子之所以騙人也是為了生存。

結果，騙子也是比他們更具優勢的人眼中的肥羊；因此 A 不是最強的，A 遇上在某領域更厲害的高手時也同樣無能為力。這個情況我稱為「肥羊連鎖」。為了擺脫這個連鎖效應，唯一方法就是打從一開始就對一切存疑。

最後，我因為過去的一連串失敗，學會了「存疑」、「不輕易相信人」。**如果凡事不存疑，你就無法守住重要財富，遠離所有陷阱。這些陷阱的背後有名人、大企業的招牌、大人物的名字加持。**當對方備齊所有容易取信人的條件，讓你覺得「因為是○○所以一定不會有問題」時，你就已經落入陷阱了。各位請務必記住這一點。

期待過高的人很快就會失敗

還有一點與「別輕信他人」的主張有異曲同工之妙，那就是不論做任何事，期待過高的人很容易失敗。

舉例來說，假設有個人最近開始炒作外匯或投資股票，期待靠股票和外匯大賺一筆，他恐怕會大虧一筆離開投資市場。因為他很有可能因眼前的新冠肺炎疫情而決定停損，提早一步退場保命。若你問為什麼會變成這樣，就是因為他的期待太高了。

電視、社群網站、書店等到處都可以看到「靠股票賺上億」等宣傳文案。看到這些廣告文案的人心想「好，我也要成為億萬富翁！」於是開始玩股票或外匯。如果大家只看到買股大賠的消息，我相信不會有人願意開始投資股票或外匯。也就是說，人開始採取某些行動時，背後一定有「欲望」在推動。

欲望成了行動的原動力，這是動物的本能，我不否定。可是當這種欲望產生時，人們的反應可以分成兩種：一種人是只會想像自己賺大錢；另一種人則會想到也有可能虧錢，於是開始降低期待。

這時，只期待賺錢的人，遇到與個人想像不相符的情況時，精神就會發生錯亂，例如：原本聽說會賺錢才買進的股票卻嚴重虧損。他們無法承認現實，感覺自己上當受騙，只想要逃離窘況。情況到了這種程度，已經無法期待他們能夠冷靜行動，最後只能認賠退場。

另一方面，如果是屬於後者的類型，他們認為投資賺錢本就沒那麼容易，早就看準很有可能賠錢，所以一開始並不抱太高的期待。他們原本就不期待會賺大錢，因此多半不會投資過多，而且因為他們已有可能會虧錢的心理準備，就算股票套牢也不以為意。也就是說他們的痛苦程度沒有前者那麼高。

舉個例子說明好了，我現在手上有二十四萬九千五百股 extreme 公司的股票（約占總發行量的四．六％）。該公司的會計年度期末是二〇二〇年三月的最後一天，因此六月舉行的股東定期大會開會通知上，我的名字寫在第三股東的位置，名稱是 Phillip Securities Clients（retail），有興趣的人可以去看看。

我持有的這些股票因為疫情影響而嚴重套牢，但我因為一開始就對投資這家公司沒有過度的期待，所以即使現在股票被套牢，我也沒什麼感覺。說起來，成交價（目前的股價）不過是現在賣出股票的人能夠立即得到的金額罷了。我現在沒有賣掉股票的需求，所以也沒必要在意成交價。

我認為「不抱過度期待」在堅持某件事的過程中，扮演非常重要的角色。

副業也一樣。有些人期待利用 YouTube 賺大錢，因此開始使用 YouTube，可是他們熬不過沒有收入的那段時期，於是早早放棄。

另外有些人則是打從一開始就不抱期待，懷疑透過 YouTube 能夠賺錢，他們認為沒有收入很正常，所以泰然處之持之以恆，結果做著做著反而真的賺到了錢。

我自己的經驗也是。我到現在還是不認為不動產能夠賺錢，但我卻買了很多不動產。我開始玩股票和虛擬貨幣也不是因為覺得會賺錢，但總的來說我賺了很多。剛開始接觸網路相關事業時，我也幾乎不抱賺錢的期待，結果卻賺了一大筆錢。

也就是說，我基本上對任何事都不抱期待。說實話，現在我對自己的所有行動也都沒有期待，也不認為自己的行為在未來一定會有好結果。正因為我的心態如此，我才能夠長期持續下去。說起來就是因為我悲觀，認為不賺錢理所當然，所以即使有很長一段時間沒有成果，也完全不覺得痛苦。

只要能夠保持這樣的心態持續下去，你一定能夠在過程中掌握訣竅，漸漸累積經驗，內心某處就會開始隱約確信這麼做有賺錢的可能。

不要跟風加入拉麵店的排隊人龍

延續如何避開陷阱的話題，接下來我要強調的另一個方法就是「別跟風排隊」。

投資股票時，如果《日經新聞》報導的消息造成某支股票成交量飆升，很多人就會一窩蜂地想購買那支股票。所謂成交量，就是在一定期間內完成交易的股票數量。漲停板表示太多人想要買進，無法與賣出的訂單相互抵銷，所以交易被迫停止，股價也因此一口氣上升到上限。人們一看到新聞，一心認為「買這支股票準沒錯！」「必須快點買到手！」就會立刻進場，朝漲停板的股票飛蛾撲火。而購買電視購物的人也是一樣，一聽到「數量有限！」「折扣只有現在！」就會急忙打電話下訂。

在拉麵店外排隊的顧客，也可以算是與這些情況完全相同的例子。

在拉麵店外排隊的人龍，多半不是因為那家拉麵好吃才去排隊，而是因為電視介紹，或是看到別人在店門前排隊，所以認為那家店應該很好吃，於是也跟著聚在那兒排隊。

同樣的場景，在各行各業的店家門外經常能夠看見。

但是，跟風者的下場又是如何呢？看看三十年前泡沫經濟瓦解的情況就能一清二楚。人們常以為群眾齊聚的場所絕對不會出錯，然而，否定「眾人的常識」很重要，只有心存懷疑，你才不會成為肥羊。

當時報章雜誌都說地價一定會上揚，煽動土地神話，所有媒體力勸民眾購買不動產，整個日本充滿著「現在不買地就虧大了」的氣氛。銀行的資金流動性過剩[22]，不斷找尋融資對象，因此他們也對民眾洗腦：「我們會借錢給你，要不要買不動產呢？」

結果不只企業如此，就連一般上班族也跟風購買不動產，甚至買下偏遠郊區的度假村土地。

不久之後泡沫破裂，土地神話瓦解，許多泡沫經濟時代非常活躍的企業因此倒閉。上班族們買下的土地價格暴跌。

樂於在拉麵店外排隊的人，很容易受到一窩蜂潮流的引誘。這樣做只是把好不容易賺來的錢花在無用的事物上，而且還是買在高點，更別提能夠增加淨資產了。

因此，如果你想要守住錢財，原則上就不應該排隊。同樣地，眾人大舉買進的股票也不要去碰，才能夠持續守住財富。

這裡我再稍微深入一點談談股票。的確有一種情況是民眾有理由跟風買進的，稱為「市場買氣」。市場買氣當然也有正確的時候，但基本上市場變化快速，而且有些人不夠深思熟慮，跟著一窩蜂進場之後，股價多半會暫時下跌。因此我建議出現排隊人龍時，先觀察一下情況，等到股價下跌之後，你認為這波買氣有客觀的依據，就可以考慮進場。

假如股價持續順勢上揚，沒有出現你預期中的下跌情況，那就當作是無緣吧。這樣就好，之後還會有無數次的機會；別只盯著似乎會賺錢的股票，別受到高股價的誘惑而進場，把這些觀念放在第一位，你才能夠在股海裡活得長久。

假如你無論如何都想嘗試人氣拉麵店的滋味，最好趁著無人排隊的離峰時段前往。如果要去旅行，就避開日本黃金週等連假期間，使用年假在平日前往。這麼做既能省錢，也能毫無壓力並樂在其中。

如果你想成為有錢人，最基本的一件事，就是採取與其他人完全相反的行動。

22 excessive liquidity，意思是貨幣供給成長超過實質經濟交易所需。

＊與人往來是「人際關係的枷鎖」

致富心法
15

人脈會成為「負債」並奪走你的錢

只要凡事存疑，你的人際關係也就能自動整理乾淨。

渴望自己未來能夠成功的人之中，不少人都認為建立人脈很重要吧。

專辦跳槽轉行業務的人力銀行，針對一千位二十到五十幾歲的上班族，進行人脈相關問卷調查，得到的結果是：九成以上的人認為「人脈對事業很重要」。另外也有九成以上的人認為，培養與他人的關係，能夠加快生意談成的速度。

問題是，人脈不見得會讓你賺錢。牽扯的人愈多，就愈容易引起問題或發生人禍。而且，認為人脈能夠帶來財富的人，基本上就是只會指望別人的人。可以明顯看出這種人的心裡隱約等待著別人的幫助，或期待有人為他帶來好機會。

根據我的經驗，我可以肯定地告訴你，人脈在淨資產的擴大上，最終只會帶來負面效果。

原因在於，人往往會帶來問題；只要幾個人聚在一起，就會衍生出利害關係或醜陋的心態。假設有三個人一起做生意，獲利就必須分成三等分。假如三個人付出的勞力都相同，萬一其中一人拿走較多的錢，另外兩人就會心生不滿。

不只做生意如此。假設感情很好的兩個男人與一位美女三人同遊，兩個男人可能會因為那位美女爭風吃醋，最後演變成兩男爭奪一女的局面。也就是說，只要多幾個人湊在一起，人類就容易露出醜陋的一面。因此，我會在一開始就避免這種麻煩事情發生。

尤其這次的新冠肺炎疫情促使網路相關領域今後更加成長，「人脈很珍貴」的觀念已經落伍了。

我本身過去也認識很多人，以為善用這些人脈，是身為一位經營者、商業人士的責任。當時身為經營者的我，認為即使是初次見面的人，或許也能提供什麼好建議，所以多少也會聽聽他們怎麼說，來者不拒，甚至一天見上十個人。我錯將這些約見當成自己的工作之一。

夜晚與各式各樣的人聚餐也成了我的例行公事。

我就這樣將大把時間耗費在建立人脈上，事後回想起來才發現，這樣做對我其實沒有半點好處，而且多數時候只會給我造成損失，也經常讓我看到人類醜惡的一面。我的確透過這些交際獲得不少情報，但仔細一想，那些情報全都與我無關。對我而言最重要的事情，我自己應該最清楚才是。一旦投資不熟悉的新領域，只會造成損失，並讓我與本業漸行漸遠。

另外，那些開口閉口老是把人脈掛在嘴邊，自豪交遊廣闊的人，多半把他人看成是「賺錢工具」。這種人接近你只是基於私心，認為「認識這個人對我有好處，幫助我賺到錢」而已。這世上永遠存在著一群利用與他人的關係來賺錢的人，在我看來，這些人之中沒有一個是一流的菁英。這種人沒有自己堅持的核心價值，幾乎都是透過與人建立關係從中取得利益，就像仲介一樣。

你身邊應該也有許多這種人。不久前，一位號稱朋友有五千人的演藝圈相關人士，因為私底下仲介不法生意，遭到所屬製作公司開除。姑且不問他是否蓄意為之，但以結果來說，周圍的人都被他的所作所為拖累。

如果你不懂這一點，誤以為膚淺的人際關係就能替你帶來財富，就很容易陷入麻煩；當對方帶著可疑的賺錢生意找上你，你就會聽信對方的說詞，或出資加入他的投資案。人際關係的糾葛遠超過你的想像，也常在不知不覺之間對你的決策帶來不好的影響。因此請記住，假如你因為能夠認識新朋友而開心，代表你要退步了。成功必備的要素往往都是反求諸己。你的心、你的努力、與已在你身邊的人合作，這些你都已經擁有了。

我先說結論：**拓展人脈不會讓你致富。所謂的人脈，就是未來會奪走你財富的東西，甚至可以說就是「負債」**。

原因在於，與他人來往的過程中，除了金錢借貸之外，麻煩的還有人情往來。例如，「我介紹你○○」、「讓我來教你○○」、「恭喜，這是我一點心意」……他人主動提供的「善意」，會讓你覺得欠對方人情，不報答說不過去。

但是，說到這些「不請自來的好意」，當下或許你會覺得對方對自己頗為照顧，但事後細想，大都是對方雞婆多事，因為就長遠來看，那些「好意」大多無法為你的問題提供任何正確的解方。

而且，對於那些人自以為是的善意，我們也無法惡言相向，但採用那些其實不需要的提案根本就只是浪費資源。**接受他人的善意其實必須付出很高的代價。**跟對方的交情愈好，你就愈有可能得參加你不想去的餐會，或為了不破壞氣氛買下自己其實不需要的東西，有時甚至還得借錢給對方。

像這樣子，與人往來長期看來只是負債。正因為人際交往是一種負債，所以我才希望各位只跟真正重要的少數人往來就好。

除非對方讓你有「我倆的交情無關利益，為了這個人，我即使吃虧也無妨」的想法，否則沒必要與對方往來。任意拓展人際關係，你將會陷入人際關係的「牢籠」，久久無法逃脫。

說到「工作上不可或缺的重要人脈」，其實就比例來看，能真正為你的工作帶來極大幫助的人，幾千人中頂多只有一人，而且五年能碰上一個就已經算多了。深入了解後你會發現，對自己來說真正有利害關係的人其實少之又少。

只不過，換個立場來看，這種想法的確不見得適用於所有情況。

舉例來說，如果你是大企業的經營者，就必須具備事業合作相關的人脈。對於企業的人資管理、人才獵人、活動相關人員來說，建立人脈也是生意的一環。人際關係對這些人來說是一種「庫存」。

但是，我可以確定人脈對於前述職業以外的多數人而言，就是陷阱，也是負債。

「別人找我去聚餐或參加交流會，我一定會去！」「認識的人愈多愈好！」如果你有這種想法，只會浪費時間和金錢，請現在立刻就改掉。膚淺的人脈長期下來只會帶給你財富減少的副作用。而且不只是減少你的錢，還會為你的人生帶來更多煩惱。

不管對方再怎麼風趣，看似甜美的蜂蜜，時間久了也會變成劇毒。因此，你不應該輕易與人建立關係，必須嚴格挑選往來的對象。

賭博本來就不可能永遠贏錢

還有一點絕對要避免的就是賭博。

所有賭博都有莊家，他們會從客人交出的賭資中事先抽取一定比例的利潤。例如：小鋼珠機台的利潤約占賭資的二〇％；賽馬和賽車等公營賭博約二五％；彩券是五〇％以上都被主辦單位拿走。相較於前面這幾種賭博模式，澳門、韓國、新加坡等日本人喜歡的賭場，反而屬於回饋機率高的類型，但當然也不是保證你的賭資百分之百都能拿回來。

賭博這門生意的本質就是，即使砸錢添購豪華設備，還要支付發牌員等工作人員的薪水，老闆仍舊有賺頭。我們這些賭客贏回來的錢，絕對不可能百分之百還本，這一點賭場已經事先縝密計算過了。

也就是說，你去賭博的話，不可能永遠贏錢。輸錢只是時間的問題。

將大把金錢和時間花在這種不值得期待的遊戲上，帶給你的只有損失，別無其他。因為在那個世界，努力到最後不一定有回報。你不應該期待靠賭博賺錢，而是根本不該抱任何期待。

相反地，如果你從事賭博以外的副業，努力到最後必然會開花結果。這樣說你應該很清楚應該把時間和金錢投入哪邊了吧。

我覺得賭博更大的問題是會令人上癮的特性。據說人的大腦有個部位，把延續生命、留下後代所必須的食慾、性慾等獲得滿足時的快樂，定義為報酬。吃到美食、喝醉酒、做愛亢奮的時候，這個部位就會分泌名為「多巴胺」的物質，也就是所謂的「快樂物質」。

賭博時分泌的快樂物質多到驚人，在我看來，沉迷於賭博的人得到的快樂，甚至遠高於性愛。

問題是，當賭博變成日常生活的一部分時，大腦的反應就會愈來愈遲鈍。於是，為了得到更多的快樂，你的行動就會更加激烈：投入更多賭金，期待靠這一把逆轉勝。

到了這個狀態，你的自制力已經失去作用；無論你多想收手，都無法憑個人意志停止。為了把之前輸的錢全都贏回來，你甚至會去借更多錢投入賭博。這就是賭博上癮症，也是地獄的開始。

即使是賺錢達人，進了賭場也會血本無歸

我身邊有不少人沉溺於賭場，全都無法戒賭；只要一陣子不去，就會引發癲癇等戒斷症狀，因此每個月要上好幾次賭場。

二〇一八年夏天，我和一位朋友去新加坡的濱海灣金沙酒店，親眼目睹那位朋友在隔壁賭桌輸掉六千萬日圓。這位朋友是土木工程公司的老闆，工作認真，一年可以賺到一億日圓以上，而他卻把那些收入全貢獻給了賭場。

還有大王製紙[23]前董事長井川意高的例子。

井川前會長在澳門和新加坡的賭場欠下鉅額債務，為了取得更多賭金，他從旗下七家子公司不當融資了總金額約一百零五億日圓（約新台幣二十九億元），權充私人使用。這件事也出現在他的自傳中，我就不再贅述。

結果就是，當事人井川前董事長以特別背信罪遭到逮捕，不僅要坐牢，創辦人井川一族的所有成員也都必須卸下大王製紙的管理階層職務。

值得一提的是，井川前董事長畢業於東大法律系。如此優秀的人卻也輸給人類天生對快樂物質的渴求。我與對方見過幾次面，他的個性很好，充滿魅力，除了沉溺賭博這

個缺點之外無懈可擊。

因此，沉迷賭博這種事有可能發生在任何人身上。我過去曾有一段時期沉迷於百家樂，一想到我如果沒有回頭，後果該有多慘，不禁毛骨悚然。如果當初真的深陷下去，現在我恐怕早就被債務逼死，也無法寫這本書了。

賭博這種東西，原本就是設計巧妙的陷阱。舉例來說，賭場裡沒有時鐘也沒有窗戶。為了讓客人忘記時間，盡可能待久一點，賭場的空間也經過一番刻意設計，直到你走出賭場大門那一刻看見天色，才能判斷當下的時間。豪華的裝潢、由美女送上餐點和美酒、極盡豪奢的附加服務（顧客VIP服務）等，所有的一切都是為了讓客人最後能夠輸更多錢。全世界最會賺錢的人只要一進了這裡，全都會被一網打盡，死傷慘重。

為了避免落入這類陷阱，失去寶貴的金錢與時間，最好的辦法就是不去賭場。

但是，如果你才二十幾歲，很年輕且不曾去過賭場，趁現在體驗失敗也是一種方法。我也是親身體驗過一陣子，才深刻了解到賭場的可怕。趁著年輕時大玩特玩，累積小失敗，從那些經驗得到教訓，同樣能夠降低今後人生遭到摧毀的風險。所以，年輕時

23日本大型上市紙業公司，是日本三大綜合製紙公司之一。

放縱一點、受點傷，長遠來看反而能夠幫你守住財富。

另外，如果只是小賭怡情，設定一年內賭博次數的上限，旅行時順便玩一把，或是與交往對象、朋友們小玩一番，這種程度倒還可以。我不會否定賭場這類場所提供的樂趣。

只不過進了賭場之後，接下來就看個人與生俱來的個性能否做到自制了。如果你對自己的自制力沒有信心的話，不踏入賭場才是最聰明的做法。

＊擺脫「員工思維」

致富心法

16

想成為有錢人，擁有個人公司是絕對條件

話說回來，想要守住財富，還有一點必須事先考慮清楚的，就是節稅。

所謂節稅，就是在法律許可的範圍內，降低納稅額度，盡量把現金留在手邊。

假如你的收入只有公司的薪水，幾乎沒什麼方法可以節稅。但是，假如你有固定的副業收入，就必須學會節稅。**最有效的節稅方法就是「成立個人公司」**。

在沒有成立公司的情況下從事副業的話，通常就會以一般的個人所得率計算納稅金額[24]。用營業額扣掉部分支出之後，剩下的就會被視為個人收入；這項收入愈高的話，稅率也就愈高，因為綜合所得稅採用累進稅率計算。

相反地，如果繳的是營利事業所得稅，即使獲利增加，原則上仍然採用固定稅率計算[25]。也就是說賺得愈多，成立公司愈有利。

還有一個節稅方法就是把你賺來的副業收入，當成家人的薪水分發出去。

個人事業主基本上不能付薪水給家人，但成立公司就沒有這種限制。讓妻子、父母、兄弟姊妹或親戚擔任公司董事，盡情利用每個人的個人所得扣除額額度，如此一來所有人的課稅額度也會跟著降低。

而且，成立公司還能免繳消費稅。剛開始的兩年，原則上個人事業主和資本額一千萬日圓以下的公司都能免繳消費稅。利用這項規定，個人事業在起步兩年後轉成公司法人的話，最長就可以四年免繳消費稅。我從六年前開始就不住在日本，對於日本相關稅制的最新情況不是很熟。因此，關於日本目前的稅制，希望各位自行查詢。我在這裡要強調的是，各位千萬別小看這些小小的節稅額度。

活用法人的經費收支制度節稅

另外，只要搞懂法人的經費收支制度，就能夠擴大經費包含的範圍。個人生活開銷不能列入經費，但如果是業務上的花費，就可以全部當作經費。也就是說，如果能夠盡量讓必要支出認列為業務費，就可以剩下較多的結餘。因此，**想要成為有錢人，你必須掌握可列入經費的條件。**只不過，如果出現定義模糊的經費，是否能認定為經費，就要看國稅局的判斷，這一點必須留心。依我當時的經驗，隨便把各種開銷全部列舉為經費

24臺灣的個人所得稅率最高是四〇%。公司的稅率最高是二〇%。
25臺灣的稅制規定不同，不同的所得額有不同的課徵稅率。詳情請見：財政部稅務入口網「營利事業所得稅的稅率規定如何？」

的話，事後下場可是會很慘。

我們以目前當紅的職業 YouTuber 為例思考看看，這些 YouTuber 為了壓縮必須納稅的收入所得，多半會把為了拍攝影片購買的物品列入經費。但這會導致私用與拍攝用的分界線變得很模糊，國稅局很有可能認定你是遺漏申報。

比方說，你拿高價名牌精品當作拍攝道具或主題，並且以這個理由把這筆開銷列入經費。事實上也真的有 YouTuber 公開展示自己買的名牌精品。此時，假設他購買三百萬日圓的手錶、包包、衣服等，並把這筆開銷報為拍攝影片的經費，之後他拿到 YouTube 根據觀看次數支付的廣告費，這筆所得就有三百萬日圓的免稅額度。但是，買來拍攝影片使用的東西，如果也供私人使用，國稅局就不會承認這項精品屬於經費，甚至會對你提出警告。假如你把那些名牌精品拿去當舖賣掉，即使不是蓄意為之，國稅局也很可能認為你是把公司資產處分換錢之後放入自己的口袋，因而認定你逃漏稅。

像藝人治裝費這種經費支出就是類似的情況。上電視穿的衣服如果私底下也穿，經常就會發生經費認定的問題。由此可知，品項能否列入經費必須視情況而定，多半很難事前就有明確的分界線。

各位或許覺得這樣很麻煩，但是否具備讓納稅的稅額降至最低的觀念，將會影響到你能否成為有錢人，因此對於稅金，各位最好要比過去更加關心。只要關心跟自己的事業有關的稅制就好，請務必「透徹了解與自己相關的稅務」。

法律本就不夠完善且主觀，所以不該硬碰硬

前面提過，是否可以認列經費要根據國稅局的判斷。至於為什麼會發生這種問題，是因為法律規定本身很模糊。不熟悉法律的人，也曾對法律規定的不明確感到憤慨或不公吧。但是從全世界的角度來看，法律不夠完善也是情非得已。人類建立的社會本來就不公平。如果你不懂「不公平是理所當然，不合理的事情有時就是會發生」的道理，你就無法在這個社會存活。

我在海外生活這六年也遇過許多令人生氣的情況。基本上，說好的交期或施工期無法遵守是常有的事。施工不做防護因而造成毀損，來修理毀損問題的人又弄出其他毀損就離開，幾乎已是家常便飯。各位聽來或許覺得我是在說笑，但國外就是這樣，比日本隨便很多。剛開始我成天為了這種事情發脾氣，後來發現這樣只會讓自己失去理智，沒有任何好處，最後只能自己選擇寬容放下、不去計較。

同樣地，面對權力、法律、行政體制的不合理對待，與其憤怒挑釁，不如學會如何與那些情況和平共處，這正是在這個世界好好存活下來的祕訣。

當然，不熟悉法律的人多半誤以為法律萬能，是毫無缺陷、能夠濟弱扶貧的制度。當他們發現法律並不完美時，想必十分失望吧。但是各位必須明白，法律這種東西天生不完美；有些法律可以有很多種解釋。所謂的「判決」也多半是根據現場負責人員個人的考量、感覺、習慣去決定。

當然，根據租稅法律主義，人民僅依法律所定之納稅主體、稅目、稅率、納稅方法，以及納稅期間等項目，負納稅之義務，稅務也受到法律的規範。但是某些人購買名牌精品，國稅局就認可是經費，其他人購買同樣的名牌精品卻不被認可是經費，這種情況也很常見。這種時候生氣憤怒找當局理論沒用，反而只會導致雙方關係惡化，下場慘烈，或是拉長法院判決的時間，浪費時間與金錢。

想要成為有錢人，你應該盡量避免吵架爭論，因為這樣做只是浪費時間。為了製造出更多的財富，積極正向的活動比爭執重要好幾倍。**「有錢人不吵架」是基本原則，所以也請盡量避免打官司。**

另外，根據我過去在稅務上的經驗，欠國稅局的滯納金不能分期償還，而且國稅局立刻就動手扣押我名下的財產。不過我聽朋友說，雖然國稅局不認可滯納金分期償還，但他們都沒有遇過像我這樣名下財產立刻被扣押的情況。也就是說，國稅局認為如果不立即扣押我的財產，我就會把財產藏起來或轉出去。我當時的對應方式與行為八成很不妥吧，所以現場負責人員才下這樣的判斷。現在回想起來，我可以理解他們當時的做法。如果我是國稅局的負責人員，我也會認為「與澤這傢伙必須受罰」。

回到原本的話題。我在這一節想表達的有兩件事：一是法律不完美，我們會面臨什麼樣的結果要看當時負責人員的判斷，因此多少也跟運氣有關。另外一點就是，與國稅局等行政、權力、法律機關打交道時，記得要採取良好的溝通方式，而不是以強硬的態度反抗。你必須找到雙方都能接受的折衷點相互妥協，讓情況好好收尾；因為你需要的是確保自己有時間和餘力專注賺錢。別忘了，執著在毫無意義的意氣之爭，最後吃虧的只有自己。

成立公司能提高你對賺錢資訊的敏銳度

成立個人公司除了能夠節稅之外，還有其他莫大的好處。

其中一個就是，即使是副業或兼差，只要你成立公司、有了董事長或社長頭銜之後，就會產生「想法上的轉變」。成立公司後，如果你什麼都不做，就會連半毛營業額都沒有。現在不是別人付薪水給你，你必須自己製造商品、跑業務、行銷才行。

因此即使賺得少，只要公司有營業額（收入），你就會產生「我已經獨立賺錢了」的想法。賺錢的方式是部落格的聯盟行銷也好，舉辦個人講座也可以，什麼都行，說得極端一點，即使營業額只有一百日圓（約新台幣二十七元）也無妨。

想法的轉變才是重點。

就算收入只有一百日圓，只要有了營業額，你就會想要讓這個數字成長。

人類的天性就是，只要有一個盒子，你就會想要往裡面裝東西。有實驗結果顯示，只要把可上鎖的存錢筒和紀錄存款金額的筆記本交給沒有存款的人，光這麼做存款金額就會增加六〇%以上。

成立公司，你就會想要擁有類似辦公室的空間；印了名片，你就會實際感受到自己正在從事這份工作。架好網站之後，你就會經常思考如何增加瀏覽人數。也就是說，只要給你一個盒子，你自然就會產生想要豐富盒子內容的念頭。

這麼一來，你對於與公司業務相關的資訊敏銳度也會跟著提升。

成立個人公司的另外一個好處就是「提高資訊敏銳度」。

舉例來說，資料顯示喜歡紅色法拉利的人，容易對紅色產生反應；因為他們希望擁有紅色法拉利，目光不自覺就會追著相同的顏色跑。但是，如果是對紅色法拉利不感興趣的人，紅色對他們就不具任何特殊意義。即使他們在路上看到紅色車子，也只會覺得那是路上的風景之一，他們的反應就跟看到用 PhotoShop 軟體調成灰階的照片一樣。

我再舉個例子。好女色的男人到哪兒都會立刻發現美女；因為他們成天打開天線注意哪裡有美女。但是，對女人沒有太大興趣的男人即使走在路上，多半也沒在看女人。

成立公司能夠提高你對資訊的敏銳度，也是同樣的道理。

坊間有許多人每年靠副業賺五、六百萬日圓（約新台幣一百三十五萬、一百六十二萬元）。他們一個人獨立作業，把工作透過群眾外包（crowdsourcing）的方式發包出去。假如你成立公司之後，營業額還是掛零的話，你就會開始好奇「那些人是在做什麼副業，為什麼可以賺那麼多錢？」「什麼叫群眾外包？」自然也就會動手收集相關資訊。你如果沒有成立公司，就不會主動想要收集情報。

成立公司確實需要耗費成本。公司章程的擬定與登記申請要花時間，而登記時的公司章程認證費用、稅籍登記等林林總總大約要花上二十五萬日圓（約新台幣六萬八千元），資本額也必須多少準備一些[26]。但是，如果你想要賺錢，成立個人公司與否，會帶來完全不一樣的結果。**想要成為有錢人，只有成立個人公司這個選擇。**也就是說，成立公司必須支出的經費，都是成為有錢人的必要投資。

我相信總有一天全體國民每人擁有一間個人公司的時代將會到來，否則日本恐怕會愈來愈窮。以日本目前的情況，光靠上班族的平均薪資，已經不足以讓你擁有舒適的退休生活。你也必須跳脫薪水階級的員工思維，從現在開始培養個人商店老闆的思考模式。個人商店的老闆為了讓自家的店生意興隆，會絞盡腦汁努力想辦法賺錢。這種努力打拚的動力能夠大大活化腦力，反之，不努力的店一定會倒閉。

這世界就是如此變化無常，沒有人可以過度樂觀，一旦疏於發揮創意和努力，前面的路就會一片黑暗。為了改變觀念，我建議各位先從成立個人公司起步。你應該就能實際感受到自己的想法一點一滴逐漸改變。

26以上是日本的情形。臺灣的公司登記流程請參考「經濟部公司與商業及有限合夥一站式線上申請服務網站」、經濟部商業司「公司登記」、臺灣會計記帳網「設立公司的主要步驟」。

第 3 章

✴

創造財富

一百人中有九十五人會失敗

致富心法

17

創業時別搞得聲勢浩大

創造財富時，有件事你最好要先知道。那就是「創業搞得聲勢浩大幾乎都會失敗」。

你如果正在某家公司上班，建議你不要辭職，也別急著另起爐灶成立新創企業。原因在於，**現在是建立個人品牌比創業建立組織更賺錢的時代**。

日本的文化背景與美國不同，無法直接比較，不過美國的自由工作者，包含有副業的人在內，占勞動總人口近五成。日本的比例沒有這麼高，不過也的確在增加，兼職、副業等廣義的自由工作者已經超過勞動總人口的六分之一。我相信這個走勢受到新冠肺炎疫情影響，將會一口氣加速成長。

當然，這個變化要有網際網路才能夠成立。但是網路終究不過是基礎建設，只是地基。能夠進入個人品牌時代，都是因為利用網路賺錢的個人愈來愈多的緣故。

一般公司的上班族，只要善用下班後、假日等私人時間，在安全的狀態下自由接案，這樣賺錢也更容易存到錢吧。最重要的是能夠保持精神上的安定。

在現在這種「個人品牌時代」，你不必選擇危險的方法，辭掉公司工作，從零開始雇用員工創業。

收入分散成多個來源，才能夠長長久久

從多方來源取得收入，才是常保成功的祕訣。這麼說的我，也是從名下眾多不動產收取租金，外加股票股利、公司債分紅、保險的當期收益率等，以廣泛且分散的收入累積財富。為什麼要這麼做？因為只靠單一來源的收入，很有可能斷糧。假如你習慣只靠單一收入來源，遇到像這次新冠肺炎疫情的情況時，就會陷入危機，這一點顯而易見。

另外，**只有單一收入時，你就會變得偏執貪婪，也很容易向利益關係人要求拿到比較多的利潤。這樣一來，利益關係人就會覺得你很難搞，最後決定減少與你做生意的機會。**相反地，假如你的收入來源分散，你對自己分到的那一份利潤在某種程度上就很容易滿足，也不會想要從中獲得更多。以結果來說，你的生意夥伴就會覺得：「這是一場愉快的交易。」

由此可知，**「使對方覺得有利可圖的交易」才能夠讓雙方長久持續合作下去，到頭來得到好處的仍然是自己。所以錢不見得拿愈多愈好。**假使後續沒有繼續合作的機會，整體算起來你能獲得的利潤還是減少了。做生意時最重要的不是追求單次交易就賺大錢，而是能夠與對方長期合作；即使每次的獲利不高，但長時間累積下來的利潤更大，

這才是雙贏的做法。只要你能夠這樣想，完全沒有必要從公司發的薪水，以及私人時間從事的副業收入二選一。如果你辭掉了其中一份工作，反而比較危險。

別人的成功經驗很難複製

我也不是不懂想創業的人的心態。知名的富豪之中，有許多人是藉由成立新創企業致富，他們也留下許多淺顯易懂的成功故事。

比方說，談到孫正義先生的書，經常會提到軟體銀行成立第一天的那個知名小故事。那天孫先生站在橘子木箱上，對著僅有的兩名工讀生演講：「軟體銀行將在五年內成為市值一百億日圓，十年達到五百億日圓，總有一天變成一兆日圓的公司！」另外還有一則很有名的小故事，孫先生在高中時，沒有事先預約就直接跑去見日本麥當勞控股公司創辦人藤田田先生，問他去美國留學應該學什麼，徵詢對方的意見。

問題是，孫先生創業是在一九八〇年，距今已經四十年之久；那個時代沒有背景的人想要從零開始成功，就唯有創業一途，別無他法。當時孫先生被吹捧為日本新創先鋒。到了現在，時代背景已經迴然不同。孫先生的例子在統計學上來說是例外，那是天才才有的成就。想擁有這樣的成就，你首先必須具備一般人想像不到的謙虛。

除了孫先生的例子外，民眾也經常吹捧時下的成功人士，但我覺得最好別因為這類成功故事而過度期望。俗話說：「一樣米養百樣人。」一百個人對事情的看法也有一百種，有多少人就有多少個性、多少長相。人的確可以大略分成幾種類型，但仔細觀察過後你會發現，即使是同一類人還是有些微的差異，擅長與不擅長的領域也各有不同。再搭配上時代環境與個人背景，好不容易才能誕生出一個特殊的成功案例。也就是說，成功故事這種東西，終究與人類的誕生同樣不可思議，也不可能複製。

比如說，我的兒子名叫「麗」。為什麼「麗」會在「那個時間點」誕生，我也無法解釋。我射入妻子體內的精液之中，只有一顆精子抵達卵子受精，變成麗的長相、聲音、個性，我和妻子是後來才知道當時已經受孕。假設之後麗的弟弟或妹妹出生，也不可能與麗一模一樣。也就是說，即使是親生父母也無法控制孩子的模樣。

同理，某個人在不同時期做同樣的事，也不會得到同樣的結果；因為對當事人來說，各時期的狀況不同，同樣的時機不會再來第二次，而且還要加上運氣。所以自以為能夠控制成果（小孩）的父母實在是太愚蠢了。成果是老天根據你的努力，事後才給你的東西，那並非我們事前就能按照自己的想法掌控的事。

因此，聽了街頭巷尾流傳的成功事蹟就想要複製，結果只是浪費時間罷了，我勸你最好別這麼做。勉強用不適合自己的方式想要獲得成功，反而會帶來負面的效果。

當然，因為嚮往那些成功人士而受到激勵或得到靈感是件好事，但成功的方法還是必須要靠自己摸索。

人們很少談失敗的例子

老實說很少有人第一次創業就成功。很多上班族用努力存下的錢當作資本，辭掉工作跑去創業，但創業的一百個人之中，最多只有五個人會成功。這一百個人裡，有九十五人的公司會倒閉，而且當中一部分的人會背負鉅額債務。另外有些人則會二度挑戰創業然後成功，但這也只是極少數的例子。絕大多數人都是認清現實之後，重新回到職場去當上班族。

我自己是從學生創業起步，因此聽過、看過不少認識的人或朋友的例子，多到不計其數。一般人只看到成功的例子，卻不知道背後累積了多少屍橫遍野的失敗，那是世人不知道的事情。創業失敗的機率明明很高，想創業的人卻絡繹不絕，原因之一就是日本政府的獎勵創業政策，內容包含各類補助金、援助款等，提供創業者資金援助。想要創業的人都把這筆錢當作獨立創業資金，用來租借辦公室或店面。

但是，我對接受這類補助才能創業的人，抱有很大的疑問。以我的個人經驗來說，創業不應該靠別人的援助。成功人士只要一想到好商品，在考慮創業之前，就會先用網路等管道出售該商品。在還沒有辦公室也沒有事業計畫書之時，私人帳戶裡已經有一百萬日圓起跳的營業額。有了這種程度的營業額，轉為法人比較有利，因此才會決定「好，我就來開公司吧！」亦即他們在動腦仔細思考之前，就已經先一步採取行動了。

反之，一般人的做法是先去日本政策金融公庫[27]諮詢，取得資金援助租下辦公室之後，才說：「好，來賣東西吧！」這樣太缺乏效率與真實感，跟不上現實的競爭，自然不會成功。

所謂的創業，是在沒有路的地方開路。當你考慮接受別人援助的那一刻，就已經不適合創業，你應該對這一點有自覺。另一方面，創業這件事也沒必要想得太隆重。做生意只要有兩個要素就足夠，即擁有自己的媒體，以及把商品放上媒體宣傳。只要有這兩點，就能夠做生意。

以我自己為例，我擁有追蹤人數眾多的社群媒體，因此我只要採購或創造商品放上社群，就能用很簡單的方式做生意，不需要辦公室也不花宣傳費用。

我之所以一直強調「個人品牌時代」，是因為現代網路的基礎建設完善，每個人都能夠輕鬆擁有這兩項要素之一的「媒體」。因此我只需要思考另一個要素，也就是「商品」即可。結論就是，**創業不需要大張旗鼓建立事業計畫，也不需要準備龐大的資金，以及看起來很厲害的組織架構，這些都沒有意義，沒事自找風險的時代早已過去。**

上班族辭職去開拉麵店當然很危險

由這個話題繼續延伸，我們來看看一般人最愛開的餐飲店，例如拉麵店，情況如何？

我們經常聽到上班族辭職去開餐廳的例子。尤其是愛吃拉麵的上班族之中，或許有

27 Japan Finance Corporation，簡稱ＪＦＣ。由日本政府管轄的特殊金融機構，主要業務內容是提供國民、中小企業、農林水產業資金貸款等。

不少人都想開一家自己的拉麵店，賣自己認為好吃的拉麵。

但是，開拉麵店成功的機率非常低，差不多只有一成。目前光是日本國內就有好幾萬家拉麵店，當中大約有九成據說會在三年內關門大吉。剩下的一成在三年之後能否存活，至今也仍是未知數。

因為開拉麵店的前期投資費用高，要讓拉麵店延續到賺回前期投資的成本為止，非常困難，幾乎沒有三年就足以回本的例子。九成的人才剛開拉麵店就已經虧錢或負債了。知名度不高的拉麵店，如果店面不是位在地鐵站徒步十分鐘的範圍內，如果沒有特殊的點子，根本毫無勝算。開店的前期投資成本包括店面保證金、首月月租等不動產開銷大約就要三百萬日圓，再加上內外裝潢的工程費五、六百萬日圓、廚房設備與廚具一百萬日圓，還有傳單等的廣告宣傳費……至少也要準備一千萬日圓。

很少有上班族能夠一口氣拿出這些錢，不夠的部分他們就會去向金融機構貸款。

假設你借了五百萬日圓的開業資金準備開店。

可是餐飲店在開店之初就能賺錢的例子少之又少，虧損大概會持續半年。如此一來，你的負債從一開始的五百萬變成八百萬、一千萬，愈欠愈多；即使好不容易在半年後轉虧為盈，仍然必須持續好幾年都是獲利，才足以填補負債的部分。等到你順利還清負債，這時才算打平前期投資成本，站上起跑點。淨資產就是從這裡開始累積。每個月都有支出，又希望在納稅後能出現淨利，原本就很困難。因此，想用拉麵店擴大淨資產，只能算是癡人說夢。

而且這裡的假設是你的拉麵店每個月都有獲利，現階段你的店在半年後能否轉虧為盈都還不清楚。虧損期拖得愈久的話，加上前期投資累積下來的營運成本虧損，就會使經營出現赤字；有時不得不在負債累累的狀況下把店收掉。

上述是三年內會倒閉的九成拉麵店實際要面臨的情況。想靠開拉麵店致富，其實沒有你想像中的容易。街頭巷尾經常聽到某人開了拉麵店很成功、店裡總是高朋滿座等，但我勸你最好別因此起心動念想效仿。開店有客人上門光顧是理所當然的，但即使店裡有客人，從店外也看不出店家的收入是否足以維持開銷。**即使有客人上門，卻仍不足以支付店裡的開支，才是做生意的常態。**事實上，根據國稅局的調查，日本國內約有兩百七十萬個法人，當中有六到七成的營收是赤字。繳完稅有了淨利，用來償還貸款，回收前期投資之後，才終於能夠開始累積淨資產。這個過程有多麼困難，希望各位要有心理準備。

接受融資不保證一定成功

我們經常在新聞上看到，金融機構即將擴大無擔保融資，協助因肺炎疫情發生資金週轉問題的企業主。提到這件事，我想跟各位聊聊融資。

首先，在不動產投資等商業世界有個風潮，就是將「導入融資」視為成功。對此我十分懷疑，原因在於取得融資與「核撥貸款」，簡單來說是一樣的。**能夠「平白得到」三千萬日圓的話，你當然可以盡情高興，但如果是「借到」三千萬日圓，在我看來，代表接下來將有一條艱辛的路在等著你。**

假設你接受三千萬日圓的融資購買不動產，你只不過是背負了三千萬日圓的鉅額債務罷了。然後你從這個不動產收取房租，一點一滴花很長一段時間攤還那筆債務。如果考慮到還有利息的話，你要償還的就不只是三千萬日圓。仔細想想，這只能說是地獄的開始。

假如你的房子在還債的過程中發生火災怎麼辦？地震來時能夠挺得住嗎？房客如果因為房子捲入某些意外事件，你要怎麼辦？房屋設備發生意想不到的故障時，費用你能負擔嗎？諸如此類，你將與這些不安共處許多年，直到債務還清之前都不能鬆懈。

另外，我們也來看看融資申請不過關、傷害反而輕微的例子。舉例來說，世界各地現在應該隨處可見受到新冠肺炎疫情影響，導致公司營業規模縮小，每天只是不斷地付營運成本，老闆們為了支付這些成本而去借錢。這個時候如果沒有取得融資，馬上得考慮裁員，有些情況還必須停業或宣布倒閉，才能避免債務持續擴大。但還是要考慮到融資可能導致業主最後反而欠下一大筆債務。

融資聽起來很好聽，但說穿了就是借錢。電視連續劇裡經常出現某個角色苦苦哀求「別中止融資」或「拜託您追加融資」等場面，我看到時總是在想「融資就是借錢啊！你不應該拚命借錢，應該要認真創造淨利才對」。說起來，一家公司如果不繼續接受融資就經營不下去，代表其實已經有很大的問題。假如問題無法輕鬆解決，就不該用融資來延續公司的生命，應該盡快把公司收掉才是。這麼一來債務人和債權人的損失才不會更加慘重。

歸納起來就是這麼一回事：**融資既不是你的營業額也不是獲利，只是債務，只是別人的資本，負擔很大，而且你必須要償還。因此你不應該為了得到融資而高興，別高興得太早，也別誤解了融資的意義；真正值得高興的時間應該是在年度結算出現淨利時。**

另外，人類基本上習慣把手邊有的錢全部用掉，這是永恆不變的真理，請你務必記住。沒錢的話就會想其他辦法解決，可一旦有了錢，人們就會全部花光光。

所以日本政府才會預先扣下你的所得稅、健保費等重要的國庫收入。國家不信任納稅人。政府也知道假如一開始就給國民全額薪資，並且提醒你：「別忘了留點錢繳稅。」大家基本上還是會有多少就花多少，把錢全部花光。這麼一來，即使政府擁有課稅權也沒意義了。

我想說的是，我們要反過來利用這種人性，事先從收入扣掉一筆錢存起來。

我在十幾歲時就用這個方法存到七百萬日圓。當時我不用信用卡，工作的月薪大約三十萬日圓（約新台幣八萬一千元），一年九個月的薪水我一毛錢也沒花，全都存起來。最後這筆錢成為我大學時的創業資金，使我年紀輕輕就累積許多經驗，也大大改變我往後的人生。

嚴格說來，我真心認為，無法存錢的人本來就不具備成功的天賦。另外，我也認為無法創造利潤的人沒資格做生意和投資。存錢是首要之務，接著是創造利潤。得到融資不是什麼值得高興的事。

—沒做過副業就突然創業容易失敗—

致富心法 18

一邊做正職工作，一邊用「副業」賺錢

我們繼續原本的話題。那麼，如果不是辭職創業從零開始，而是大家很感興趣的「開分店」，怎麼樣呢？

所謂的「開分店」，就是沿用某家店的味道與店鋪經營方式，以同樣的店名獨立出來開業。例如，你必須先去某家拉麵店工作，在一定期間內當學徒學藝，直至拉麵店老闆認可，才得以出師，而不是一下子就開店。

開分店的優點是，你能透過在成功的拉麵店實際工作，了解多大的店面坪數會有多少客人上門、每位客人的消費金額該有多少才會賺錢……對經營一家店有某種程度的概念。繼承前人的經營方式，你就能在現有基礎上做得更有聲有色，也能省去犯錯的時間，成功縮短剛開店的虧損時期。從這個角度來看的話，我認為開分店遠比赤手空拳從零開始創業更好。

但是，開分店在民間現有的體制中，終究不脫「加盟」的形態。大多有義務要支付權利金，有各種限制，而且要接受嚴格監督。

當然也有無須權利金的加盟類型。

比如說，某知名餐飲連鎖店採用的加盟方式就是「免個人資金」、「獨立開業免權利金」。一聽到能邊領薪水邊學習經營技巧，沒有資金也能創業，也不用付權利金，你或許也想試試。日本的人力銀行網站也介紹過，將此視為是低風險的獨立開業方式。

然而，實際消息指出，超過八成懷抱夢想、期待未來能夠獨立開業而加入該公司的人，後來都退出了。據我所知，這個加盟體系不是真的能夠讓人一邊工作一邊有效率地學習經營。事實上他們是拿民眾對獨立開業的期待當作誘餌，迫使加入的員工在店裡沒日沒夜不眠不休地工作。

據說進那家公司至少要待個四到五年才能獨立，在這段期間，加班和假日排班是理所當然的。而且即使你都已經這麼努力了，也不保證你最後一定能夠獨立開業。

這類加盟事業的問題點，各位只要看看超商加盟店糟糕的勞動環境所衍生的社會問題應該就很清楚了。

結果，加盟店主其實就是「創業圈的上班族」，很難有什麼了不起的成就。**當你事事都要靠別人的那一刻開始，你就已經被抓住要害。**

網路事業等也是如此，古今中外不管是誰，只要想靠別人致富，結局往往不是太好。既然如此，**你應該先在某處學會經營的訣竅，接著完全脫離與該處的關係，再把勞力投入自創的體制與品牌建立上，從零開始。**

人往往對於自己花心思打造到一半的東西很執著，想帶著它離開。但是，如果你想帶走的是完成品，就會出現糾紛等麻煩事。只要看看那些上班族辭職創業，卻帶走前公司的屬下和客戶等引發問題的例子，應該就能明白。

我很好奇他們為什麼要做這種事。我並不打算討論職場倫理的問題，只是覺得應該避免惹麻煩。惹出這種麻煩，損失的只有自己。能從原本的職場學到工作訣竅，便已足矣。像事業夥伴、客戶、店名等，在全新的地方從零開始建立會比較輕鬆，也才能夠長久順利。

假如你決定離職自己創業，卻總想著攀附別人踩上「巨人」的肩膀，利用他人奠定好的基礎，或偷懶沿用他人的財產和資產，這行徑就跟小偷根本沒兩樣。這時你更應該堅持從零開始，靠自己打下江山。這樣的志氣非常重要。

想創業，先從副業或兼職開始吧！

這樣看來，我認為自由接案賺錢還是最佳選擇。就是一邊繼續公司的工作，一邊利用下班和假日時間從事某項副業、兼職或投資賺錢。

至於要做什麼副業或投資，在這個階段還不是什麼大問題。想想自己適合或擅長什麼，做出選擇即可。

我可以想到的例子包括：當「中間商」高價轉賣低價採購來的商品、利用拍賣網站「賣掉用不到的物品」、當「部落客」寫文章賺聯盟行銷收入、當「內容創作者」提供影片編輯服務、當「網頁設計師」架設網站、當「程式設計師」替客戶寫軟體、當「交易員」利用短期的價格變動賺取買賣差價……要做什麼都可以。

唯有一點希望各位務必記住。

不管你要做什麼，都「不要有期待」。

我現在參與的股票投資與虛擬貨幣世界中，有一種自以為是的散戶投資客，經常在事情還沒有發生之前，就一廂情願地認為「股價下個月就會翻漲數倍，我光靠這支股票就可以賺大錢！」

問題是，不管你再怎麼期待，股票和貨幣的價格都不會按照你的期望變動。過度期待的人會因為情況不如預期而備受打擊。一個月過後他們就會心力交瘁，決定賣掉股票或虛擬貨幣。其實只要再忍一忍，繼續持有一年，價格就會變成兩倍……這種情況經常發生。

我在投資時考慮的不是「賺不賺錢」、「有沒有買對」這些事。買下一千萬日圓的股票時，我就已經把這筆錢當成全丟進水溝了。儘管如此我還是樂此不疲地買股票，簡單來說，我只是想要保留機會，等待有一天能夠中大獎。

從另一個角度來說，其實這筆投資的最大風險就是一千萬日圓全沒了而已。如果全都沒了，重新來過就好。相反地，如果我運氣好賺了錢，回饋就會翻漲三倍或五倍。也就是說，我只要接受可能失去一千萬日圓的風險，扣除本金一千萬日圓之後，我還能賺兩千萬到四千萬日圓。因此我認為這是比較有效率的勝負。

我反對買中獎機率極低的彩券，但從心理層面來看，買股票其實也跟買彩券一樣。但是如果連播種都不播，絕對不會長出東西來；如果播了種，哪怕有可能枯死，還是有機會開花。也就是說，持續買彩券與持續買股票有共同之處。

順便補充一點，據說頭獎七億日圓的日本新年大樂透，中頭獎的機率是兩千萬分之一，簡直是天文數字。假如你過度期待中獎而每期都買，之後心累了就會放棄。畢竟沒人能保證一定會中獎。

儘管彩券的中獎機率幾乎等於零，但可以確定的是，沒買彩券的人絕對不會中七億。即使中獎機率再低，買彩券的人當中還是有人會中獎，這是不爭的事實。股票也是。儘管股市目前的整體情況看來是大幅走跌，但總有一天一定會走揚，到時候手上沒股票的人當然沒有機會得到回饋。

這個道理也適用在其他事物上。不敢挑戰的人永遠不可能得到好結果。大多數的挑戰確實都會失敗，有時還會帶來不良影響，但我覺得什麼都不做更叫人絕望。不管最後得到的是壞結果或沒成果，我還是想要抓住得到好結果的機會，所以我持續挑戰。

再者，在挑戰的過程中，你可以得到生存的動力與經驗。你在挑戰過程中學到的事情，未來一定會派上用場。對我的人生來說，挑戰就整體而言終究是有好處，也帶來了無可取代的正面影響。

因為，你在小處所累積的失敗，終將會為你帶來極大的成功。

預設「彩券不會中獎」「投資會虧損」才是正確心態

你在現實世界的生活，大半都建立在正職工作的收入上。前提是公司發的薪水足以供應你的生活。像這樣子認真過活，私底下仍持續買彩券，才是正確的做法。你要預設彩券不會中獎，但仍隱約保留對中獎的期許。

股價表現遠遠超出預期的情況，在股票投資中稱為「上漲」，相反的情況稱為「下跌」。把下跌的風險視為理所當然，虎視眈眈等著上漲好幾倍的情況發生，這就是我的生活方式。

因新冠肺炎疫情影響，使得投資人的股票嚴重套牢，你或許因此不想再碰股票。但是股票原本就有可能大賠，也有可能大賺。既然想要賺錢，當然也得事先想到賠錢的可能。假如你只看對自己有利的部分，請務必改掉這種觀念；這個世界不可能事事順你心如你意。若想完全避開損失，你根本打從一開始就不應該投資。

賺錢的時候不得意忘形，應該更謹慎；賠錢時才要樂觀面對。最糟糕的做法就是賺錢時過度貪心，還沒實現獲利就急著加碼進行槓桿投資[28]，增加交易部位，一旦賠了錢只得把這些全部低價拋售。這是最糟糕的做法，會使得你發生損失時急著賣掉停損，有獲利時卻遲遲不去實現獲利。

基本原則是，你應該在其他人很想買進的時候賣出；而適合買進的時間點則是其他人低價拋售時。這個原則固然簡單，但只要照著做，資產運用就會出現天差地別的結果。根據這個原則，市場行情大幅走跌的現在正適合買進。一聽到我建議各位現在買進，或許有人會批評我是在推廣高風險的買空交易[29]。我並不是在勸大家做空，只是在說從基本原則來看，現在買現股最正確。只要股息殖利率也提高，現在肯定是比過去更好的買進時間點。

沒有「時間」與「閒錢」的人，投資不會賺錢

追根究柢，問題在於你是否有充裕的「時間」和「資金」呢？

我舉個例子。假設你手上有一筆資金，預計要在六月底用來付款，於是你現在動用這筆錢去買股票。這麼做的話，你將有很高的機率不會賺錢，因為你必須在六月底的付款日前賣掉這些股票。光靠短短幾個月時間就想賺錢，是你想太多了；市場動向很無情，不會受到個人的期盼影響。拿這種有時間限制的資金投資的人，我稱為「沒時間的人」。

沒時間的人不夠從容，容易焦慮；他們有時會在股票才剛開始漲就賣掉，只能小賺

28 借錢進行投資，即利用小額資金來進行數倍於原始金額的投資。目的是獲取投資標的物波動的數倍收益率。然投資有賺就有賠，使用槓桿之後，投資者也會面臨虧損成倍增加的風險。

29 股價下跌時加買股票的投資手法，藉此拉低每股均價，在股價上漲幅度低時，整體仍為獲利。相反地，如果行情持續走跌，損失也會擴大。

一筆，但也有些人會輸給心理壓力，為了停損就早早認賠賣出。這類型的人容易因為擔心股價而疏於正職工作。因此想要靠股票賺錢，先決條件就是擁有沒有期限的時間。

如果規定自己只在獲利的時候賣股票，只要不低賣，就不會有虧損的可能。沒有人曉得什麼時候能夠獲利，所以至少時間上必須很充裕，充裕到可以永遠持有股票也無妨。

接下來談談資金的充裕。「投資要用閒錢」已經是人人都聽過的道理。然而，實際上還是有許多人拿必要資金去投資，而不是閒置的錢。我在這裡想說的是：拿閒錢投資更容易賺錢。所謂的閒錢就是賠掉了也不會引發問題的資金。

賠掉了也不會引發問題的錢，你就不會執著，即使那筆錢有很長時間都是股票，也不會帶給你壓力。如果股票有股利，只要持有就會持續有錢進來。這筆閒錢還能夠產生新的錢，再沒有什麼比這更美好了。長期持有股票不是壓力，而是一件值得感激的事。由此可知，我認為想要持續投資，就必須擁有充裕的「時間」與「資金」。

另外，我還有一點想要補充。前面用彩券舉例時，我一直強調中獎很困難，但如果是副業或投資，實際上都比彩券中獎更值得期待，因此也別過於沮喪。以股票來說，在我印象中，在日本的三千七百家股票上市企業中，每年只有幾十家會出現股價增值十倍以上的「十倍股」。之所以說「在我印象中」，是因為「十倍股」的計算方式是同一年的年頭到年尾這段期間是否上漲十倍，或五年之內是否達到十倍的高點。兩種算法不同，符合的企業數量也有差異。像現在股市暴跌，十倍股的數量也跟著減少了。

但是不管怎麼說，股價會上漲十倍的股票確實存在，今後也還會繼續出現。也真的有投資客因此大賺一筆，像我就曾經在虛擬貨幣上像這樣海撈過一次。從最低價上漲十倍到最高價，難度當然極高，大部分是靠運氣。不去追求買在最低點、賣在最高點，只賺兩倍是比較實際的心態，而且這樣的兩倍獲利比較容易重複實現。像我就交易過好幾次兩倍股。因此，做任何事之前不要過度期待，以悲觀的心態謹慎面對很重要，但千萬別因為過度悲觀而忘了挑戰。

致富心法

19

「嘗鮮者」普及後再加入市場，才是成功的關鍵

✳ 加—入—的—時—間—點—將—影—響—結—果—成—敗—

在經商與投資上，起身行動參與的時間點非常重要。

成功機率最高的，是在比例約占六分之一、對潮流很敏銳的族群開始動起來時，跟著他們行動。這個族群稱為「嘗鮮者（Early Adopters，又譯「早期採用者」）」。

所謂嘗鮮者，是史丹佛大學社會學家羅吉斯（Everett M. Rogers）教授在距今五十多年前提出的「創新擴散理論」中，擔任潮流形成重要角色的購買族群。創新擴散理論把新產品與新服務在市場上普及的過程分成五個等級，建議以此為基準，重新審視行銷策略與市場的生命週期。創新擴散理論將普及過程分成以下五個等級：

【創新者（Innovators）】占整體市場的二・五%

最早使用商品與服務的族群。他們的資訊敏銳度高，「新穎」是他們衡量的價值。即使是尚未於市場普及、價格偏貴的產品與服務，只要符合自己的價值觀，就會採用。

【嘗鮮者（Early Adopters）】占整體市場的十三・五%

速度儘管不及創新者，仍屬於早期就注意到新商品或新服務，並購買使用的族群。他們對世界脈動與流行潮流很敏銳，積極收集資訊，使用接下來可能會流行的東西，因此很容易成為意見領袖。對於接下來幾個族群也具有很大的影響力，被視為這五個族群中最重要的攻克目標。

【早期大眾（Early Majority）】占整體市場的三四%

這是相對謹慎的族群。他們的情報敏銳度雖高，卻不會立刻接納新產品或新服務，容易受到「嘗鮮者」的意見影響。

【晚期大眾（Late Majority）】占整體市場的三四%

相對之下疑心較重的族群。他們對於新產品與新服務的態度消極，必須確定使用者已成為多數之後才會接納並使用，普及率不高就絕不會行動。

【落後者（Laggards）】占整體市場的十六%

這是市場中最保守的族群。他們對於世界脈動與流行不太在意，不只是要等到新商品或新服務普及，還必須等到那些東西成為文化、傳統或常識的一部分，才願意嘗試。

各位一看就知道，「創新者」的族群購買新商品時，市占率只有市場整體的二．五％。另一方面，等到晚期大眾開始購買新商品時，市占率已經超過五〇％。

這也就是說，跟著創新者行動固然太早，但看到晚期大眾行動才動起來，就已經太遲了。許多人都是看媒體報導新商品才開始關注，但幾乎都已經是在晚期大眾行動之後。相較之下，**創新者與嘗鮮者全都買下新商品的話，市占率也只有十六％。這就是新商品接下來會開始流行的絕佳時間點，不算太早，當然也不會太遲。**

確認新商品已經在嘗鮮者之間普及以後再行動，我認為就是輕鬆成功的關鍵。

反過來說，早於嘗鮮者行動的話，時機還太早，必須自己花時間推廣與說明。而晚於嘗鮮者行動的話反應又太慢，此時的對手太多，就無法以先驅者自居，成功的機率也會降低，接下來的路就艱辛難行了。

現在才加入YouTube，已經沒有優勢

同樣的道理，各位可以套用在目前流行的 YouTuber 上。

整體而言，YouTube 的時代應該還會持續一段時間，不過我認為如今已經發展到早

期大眾接二連三加入的階段；二〇二一年之後，恐怕連晚期大眾也會加入，演變成過度競爭的局面。於是，儘管整體業績仍持續成長，但部分玩家的發展可能就不一樣了，或許到時候我們會在媒體上看到人氣 YouTuber 轉行，或是原本的高收入不再，或網紅退出 YouTube 等消息。也就是說，我認為現在才加入，已經錯過最恰當的時機了。

舉例來說，假如你是看到日本超人氣 YouTuber「HIKAKIN」[30]拍廣告或參加綜藝節目，才決定加入 YouTube，就有點太晚了。

我無法斷定兩者之間的關聯，不過，HIKAKIN、Hajime 社長[31]等人氣 YouTuber 隸屬的 UUUM 公司股價，在這次疫情衝擊之前就已經開始下跌，代表他們的人氣跟之前全盛時期相比，已經開始下跌了。

從股價可以預見未來，看穿未來的真實情況並搶先一步做出反應；等股價到達最高峰，自瀕臨極限的那一刻起，原本搶先反應的數十百分比漲幅就會開始下跌。這種情況經常發生。

新加入的菜鳥這時候才進場，即使做了跟老鳥同樣的事情，也賺不了大錢。即使多少有些收入，也沒有什麼優勢，往往會變成我常講的「事倍功半」的狀態。

再者，新的對手接二連三帶著新點子出現，即使你暫時賺了錢，市占率也多半很快就會被搶走。因此，假如你現在靠 YouTube 賺了錢，千萬別就此安心，最好先做足準備，預測接下來會面臨的困境，盡快摸索出其他賺錢的方法。

由此可知，太晚加入只會耗費成本與負擔。想要維持優勢的話，也需要花費更大的勞力。如同我在前面提過，過早加入也很耗費成本與勞力。因此，無論你今後有任何打算，一定要仔細衡量參與的時間點，因為這個時間點將影響到你的成敗。

當然，像 YouTube 這種已經很成熟的平台，還是有很多賺錢方式，因此我不是反對各位現在才決定加入。

只是，新人要一口氣超越前人，成功取得優勢，絕對要絞盡腦汁下功夫。現在的 YouTube 有大批藝人加入使用，無名小卒若沒什麼好點子就加入戰局，想要累積人氣並維持優勢，基本上格外困難。你必須記住「好景不常」的道理，以悲觀的態度謹慎地努力下去。

30 日本知名YouTuber，影片主題有Beatbox表演、遊戲實況、日常生活、有趣實驗、企業合作等。

31 中文常譯為「哈吉咩社長」、「豆芽菜社長」，日本知名YouTuber，影片主題包括生活實驗、惡作劇、靈異探索、文具介紹、遊戲實況、商品介紹、企業合作等。

這時候最重要的就是與眾不同的發想。想要單靠行動力贏得好評，只適合很早就加入的人。到了後期你才終於動起來，慢吞吞地想要踏入這個成熟市場，就必須焚膏繼晷努力想出吸引人的點子才行。如果吝於付出努力，奉勸你最好別加入已經成熟的市場。

任何事並非開始行動就一定會有好結果，沒有勝算就採取行動，就沒有任何意義。

所以，**你還有一個選擇，就是等待下一波潮流。緊盯可能引發新潮流的嘗鮮者動向，找出有利可圖的題材，並規畫開始行動的時機。**建議你平日可以多注意各領域資訊敏銳度高的嘗鮮者族群，鎖定目標之後，透過社群網站等確認他們目前正在關注什麼、說了什麼話、做了什麼事，在最適當的時機採取行動吧！

「只有存款的人退休生活只能還過得去」

致富心法 20

光靠儲蓄無法成為真正的有錢人

在撒下財富種子的同時，你必須做的另一件事是儲蓄。

當然，不管再怎麼努力存錢，單靠存款基本上無法成為有錢人。想辦法用你存下的錢滾出更多的錢，你才能成為有錢人。

只靠存款真的無法成為有錢人嗎？我先針對這一點回答你，的確有人能夠單靠儲蓄就成為有錢人。比方說，一年的可處分所得高達數億日圓或數十億日圓的人。這些人單靠儲蓄也會成為有錢人。

但除了這種人之外，九九．九％的人基本上不可能單靠存款就成為有錢人。能夠靠儲蓄成為有錢人的都只是稀有的例外。

當然，就算不是可處分所得超多的人，假設一年能夠存下一千萬日圓，三十年後你就存到三億日圓。

問題是，三十年是很長的時間，過程中很可能出現變動，讓你無法持續存錢。實際上一年存一千萬日圓，連續存三十年，應該算得上是極少數的奇蹟例子了。至少我自己就不曾存錢存那麼長一段時間，因此我沒自信能夠辦到。結果還是只能一邊存錢，一邊用存下來的錢再去滾錢，才能夠掌握成功。

另外，規畫存款時，還有一件事絕不可忘記，那就是：人生總有意料之外的支出。

比如說，在新冠肺炎疫情爆發之前，餐飲店老闆一定都認為自家餐廳每個月的營業額應該都差不多。等我看到網路上的新聞與世界各國的情況之後，發現有不少老闆即使餐廳暫停營業，仍然必須支付固定的支出，在營業額劇減的情況下，為了支付那些支出，不得已要申請融資，甚至還得動用過去累積的存款。

另外，以個人情況為例，人有旦夕禍福，有的人昨天還很健康，今天卻突然發生意外或生病，導致身體動彈不得，或是原本交情不錯的客戶突然不跟你做生意了。

所謂的人生就像這樣，前方充滿了不可預料的意外。所以各位要記住，意外支出有可能發生在自己身上。

既然是意外支出，表示突然降臨的是你我現在都沒有預測到的事端。這類事端有可能讓你必須拿出存款應急，所以最好事先準備一筆緊急預備金，來應付意外的花費。

習慣事先準備一筆應急用緊急預備金的人，往往也會多存一點錢，今後再度遇到像新冠肺炎疫情這樣的情況時，應該能夠存活下來。這個道理就與前面提到的日本企業的留存收益相同。

長時間縮衣節食存錢＝坐「錢牢」

根據前面提到的內容，我們以一般的可處分所得平均值來思考的話，假設每年存兩百萬日圓（約新台幣五十四萬元），持續存三十年。

首先，要從平均年收扣掉兩百萬日圓當存款，就很有難度。再加上長達三十年的時間，都要以相同速率存錢，幾乎沒什麼人做得到。

在這三十年的時間，你會遇到孩子升學考試與入學、家人罹患重大疾病或受傷……必須用掉存款的情況。前面已經提過，人生有許多沒有列入預算的支出，多到你無法想像。

因此，千萬不要相信美好事物可以長長久久的童話。我平常一直強調眼光要放長遠，這兩件事看似自相矛盾。但是，把看事物的目光放長遠，跟盲目相信不確定的事物會長久，其實是兩碼子事。

說起來，不僅是存錢，到底有多少人能持續做同一件事三十年呢？我自己沒有這類的經驗，因為我目前只活了三十七年。再沒有什麼比這場馬拉松更充滿不確定性且困難的了，所以你也必須懷疑自己：「我真的有辦法跑完這麼長的距離嗎？」

這麼一想，我覺得訴求幾十年後遠景的商品還能夠存在簡直是奇蹟。各位應該已經明白三十五年的房貸是多麼不切實際的設計了。從現在起算的三十年後，自己和世界的一切都會改變，就連自己的思考方式、個性，甚至是社會和國家的狀況也會改變。

退個一百步來講，萬一你真的能夠每年穩定存下兩百萬日圓，持續存錢三十年的話，存下來的總金額也不過是六千萬日圓（約新台幣一千七百萬元）。

一般認為退休基金必須準備兩千萬日圓（約新台幣五百四十萬元），如果你能完整存下六千萬日圓，用來過退休生活想必足夠，稱得上是很會儲蓄的人。如果再加上年金，夫妻倆一起去旅行或送兒孫禮物之類的，退休生活應該能過得挺舒服的。

但是，這不算是真正的有錢人。只是持續過了三十年的苦日子；年輕時幾乎沒有什麼戲劇化的美好經驗。

所謂有意義的人生，最理想的狀態應該是體驗人生各個時期最美好的經驗，並逐漸朝自己的人生目標邁進。

從這個角度來看，被關在錢牢裡一味地節儉、禁慾、存錢，到了六十幾歲退休之後才出獄，這樣實在說不上是幸福的人生。

把力氣花在「賺錢」而不是省錢

那麼，該怎麼做才好呢？成為有錢人真正重要的事，以企業來說，就是增加收入而不是削減成本。也就是說，你必須把焦點放在「賺錢」而不是「省錢」。

我認為，耗上整個人生拚命節省，結果得到的只是還過得去的退休生活，這樣的人生一點夢想和希望都沒有。我非常確定這樣做的人，之後只會徒留遺憾，感嘆「早知道我應該趁年輕去做這些事」。如果你省吃儉用過了三十年，得到的回饋只有前面提到的六千萬日圓，未免也太空虛了。

說到這裡，我要在此提出相反的主張。

我認為享受過玩樂的人，反而比較容易在往後的人生中成功增加收入。理由在於，他們透過玩樂高速體驗過大量的失敗與成功，已經知道自己想要什麼、不想要什麼，早早地就面對自己內心深處的需求。

事實上，我也曾經沉溺在酒池肉林及溫柔鄉，體驗過揮金如土的生活，經歷了公司倒閉、破產、欠稅等各種酸甜苦辣。

當時我總是盡全力享受一切玩樂，現在回顧那段過去，我可以告訴你自己的過去有多荒唐，與你分享人生的智慧。但是，我之所以能夠像現在這樣健全地發展，毫無疑問就是因為經歷過那些糜爛的玩樂，以及大大小小的眾多失敗。從這層意義來說，我由衷地想要告訴大家一件事：

如果你真的很想做某件事，就儘管去做吧。

即使你要做的事與我在本書主張的論調相反，即使你很有可能因此受傷，但就長遠來看，這個經驗將是你最大的人生資產。

致富心法

21

沒有存款，人生永遠無法改變

由前面的說明不難理解，我要大家「存錢」，並非因為有存款就是人生勝利組，而是要大家創造「軍費」。想要改變既沒有夢想也沒有希望的現實生活，你需要「一整筆錢」，當作改變人生的能源。

「軍費」顧名思義，就是軍事活動所需的資金，這裡引申為「採取行動時的必備資金」。這是用來增加未來收入的錢。當機會及好運來臨時，你就能把這筆錢當作資本一舉投入。這筆資金的用法，會配合機會的種類與時期，可以用來採購商品、當作網站的外包費，或是購買股票、虛擬貨幣、外幣。

如同我已經提過的，我本來就有存錢的習慣，十七歲那年已經存了七百萬日圓。我用這筆存款當作資本，在大學時期成立服飾公司。多虧有這筆軍費，我的人生才能夠飛黃騰達。

先以三年存到三百萬日圓為目標

手上沒有軍費的人，無論過多久都沒有辦法改變人生。而大多數人平常都沒在準備未來要使用的軍費。因此，即使過了五年、十年、二十年，仍然過著相同的人生。沒有為自己準備軍費，非但無法成為有錢人，還會被剝奪改變人生的資格。

沒有軍費，意味著「你的人生已死」。

我先假設你一年的可處分所得（淨利）是一百萬日圓，三年應該可以存下三百萬日圓。就先從準備這三百萬日圓的軍費開始吧。累積軍費的時間先以三年為限。原因前面已經提過，時間太長的話，會很難持續下去。

至於可處分所得比這個金額更多的人，請拉高軍費的金額。

不管怎麼做，這筆軍費就是你今後成功故事的第一頁。

極簡生活的建議

想要在最短時間內累積軍費，你必須改變基本觀念。

首先，把自己房裡所有用不到的東西，透過 Mercari 等網路二手交易平台全部賣掉。說得極端一點，賣東西回收的金額即使只有一塊錢也無所謂；叫你賣掉那些東西的目的，不是要你用那筆錢當生活費，而是為了讓你看清楚自己過去買了多少不知所云的東西。

事實上，愈窮的人愈常購買多餘的東西。

假如你堆著許多用不到的物品，就很難確實掌握家裡的衣服、日常用品、食材等必需品的總量，也就容易重複購買相同的物品。反之，家裡若沒有用不到的東西，就能夠一眼看出庫存有多少，避免過度購物的情況發生。

有錢人不會買用不到的東西。反之，想要成為有錢人，你需要過極簡的生活。

我之所以大量購買不動產，就是為了避免把所有現金在同一時期換成變動性更高的股票與虛擬貨幣，這是為了避免在一瞬間失去大部分資產。實際遇到新冠肺炎疫情的衝擊之後，更證明我分散投資在不動產、債券、保險、基金、外幣的做法沒有錯。

投資不動產這樣的實體資產，對我來說就等於是「投入」軍費，那是另一個層次的話題了。極簡生活是「創造軍費」階段的話題，兩者的意義不同，請各位別混淆。以我自己現在的情況來說，我在生活上一律不買任何無用的物品。

不只是物品，服務也是，像是每月自動扣款的智慧型手機應用程式、NETFLIX、Amazon Prime 的月費、niconico 影音頻道的付費會員等，這些服務在創造軍費的階段基本上都必須中止。計畫「接下來我想努力改變人生」的人，沒時間去瀏覽那些娛樂內容。這樣的娛樂，等你成功之後要多少有多少。

關於這部分的道理，《伊索寓言》中的〈螞蟻與蟋蟀〉就足以說明一切。

這個故事是說，螞蟻們在夏天辛勤工作，努力儲存冬季的糧食。相反地，蟋蟀卻拉著小提琴唱歌玩耍。到了冬天，蟋蟀找不到食物，希望螞蟻們分給牠。螞蟻說：「既然你夏天都在唱歌，不如冬天跳個舞如何？」拒絕把食物分給牠，蟋蟀最後餓死。

要我來說的話，這個故事很簡單，就是你願不願意先苦後甘而已。一開始先辛苦，之後只會愈來愈好。相反地，一開始過得輕鬆，之後就會很苦。這個故事就連小朋友都懂，所以「接下來打算努力」的人，沒有那個時間耗在網路娛樂服務。享樂的事情全都等到以後再做吧。

✱ 優先捨棄沒必要也不迫切的欲望

致富心法 22

「摩天大樓高樓層」、「交換LINE」、「港區女」全都有害無益

還有，在下次租約更新時，你應該搬去比較便宜的房子住。租摩天大樓住的人，其實很少是真正的有錢人。原因我前面也說過，真正有錢的都是收房租的房東。沒搞清楚這一點，明明是付房租住進摩天大樓的高樓層，卻以為「自己與眾不同」，結果只是成為資本主義的肥羊罷了。其實我也曾經這樣，現在看來，**我認為住在摩天大樓三樓的人反而才可能是有錢人，而不是住在高樓層的人。住三樓證明這些真正的有錢人不會把錢花在充面子上。**

說得極端些，為了在三年內存到三百萬日圓的軍費，只要不影響個人精神健全，即使住進二．二五坪大的小公寓也在所不惜。如果有老家可住的話，不用付房租更是天堂。我提過自己十幾歲時待過少年觀護所。在裡面每天有一個小時可以看電視，也可以運動和看書。就算在那樣的環境我都能感到幸福。每個人能保持心靈平靜狀態的居住環境不同，不過久居則安。只要習慣了你原先自以為住不下去的便宜住處，說不定你會覺得住起來超乎意料地舒適。

現在東京市中心有愈來愈多「一．五坪雅房」公寓。居住空間只有三塊榻榻米大的狹窄住家，就位於市中心超人氣地段，房租只要七萬日圓（約新台幣一萬九千元），在缺錢的年輕人中似乎很受歡迎。我認為七萬日圓絕對算不上便宜，但如果地段好，你又講求交通方便的話，住在這類迷你公寓也是一種選擇。

直到十年前，二・二五坪或一・五坪的公寓象徵貧窮，住在裡面的房客都是被歧視的對象。但是，現在已經是帶著一卡皮箱就能搬家的極簡時代。從這個角度來看，迷你公寓十分合理。另外，住這種公寓的前期負擔低，沒有押金、禮金[32]的負擔也不用簽約；有些房子第一次承租還可以短期免費居住。

如果你想住豪華的摩天大樓，在你能夠用現金買房之前，這個夢想必須先擱置。等到你未來成為有錢人，再以現金一次付清買下摩天大樓的最高樓層，等不想住的時候再賣掉即可。

但是，現階段不需要這麼奢侈。你過得愈奢侈，夢想就會離你愈遠。忍住一時的欲望，放眼長期的目標，這樣的戰略非常重要。現階段應該捨棄所有奢侈作為，奮起努力賺錢。削減成本沒有界線，只要你做得到的，全部都要做。

32禮金是日本的租屋習俗，是感謝屋主將房子租給自己的謝禮，於簽約時繳交，平均約為一個月的房租，退租後也不退還。

交換 LINE 會讓你遠離有錢人之路

人際關係也是同樣的道理。

在你存下軍費三百萬日圓的過程中，人際關係會成為一大阻礙。原因在於，與人來往就免不了聚餐、婚喪喜慶等各類活動。光是受邀參加婚禮就會花掉不少錢。

因此，即使別人對你的做法有意見，但我認為做出「不出席」的決定很重要。如果你會因此覺得尷尬，事先斷絕與朋友之間的交流，也不失為一種方法。

假如你是透過社群網站或 LINE 與人交際，也容易因為已讀不回之類的小事，被人批評你白目、不會做人。好友名單限制在十或二十人就非常足夠了。貫徹不交換 LINE 的原則，你就能夠解決時間與金錢損失的問題。乾脆這麼想吧，**每次跟人交換 LINE，你就離有錢人之路愈來愈遠。所以不用 LINE 也是一種停損。**

以我現在的情況來說，我一個禮拜頂多傳一次 LINE，而且是跟妻子。我們就住在一起，所以平常沒必要用 LINE；我也不會傳 LINE 給妻子以外的人。你或許會覺得我的做法太極端，但這樣對我來說剛剛好，不會有壓力很舒服。

你應該也有過這種經驗吧？明明沒什麼要事，卻得浪費時間陪對方聊天；對方因為自己的需要聯絡我，我就必須給他回應，這樣的關係真的很麻煩。而且明明是對方主動聯絡，當他得不到自己期待的答案時就會已讀不回，實在很自私。這樣的交流不僅浪費時間，也會帶來壓力。只要能迴避這種情況，就能專注在自己的事情上。

一旦少用LINE，你就會深刻明白之前自己把時間用在這種交流上是多麼沒意義。我習慣使用封鎖功能，這個方法可能不適合喜歡聊天的人，但說句老實話，假如你想要達成的成就難度很高，把時間浪費在聊天，你就會離成功之路愈來愈遠。

與港區女交往會增加無謂的開銷

對男人來說最需要小心的就是女人。嚮往住摩天大樓的人，身邊應該會有打扮光鮮亮麗的「港區[33]女」出沒。我認為港區女是你追求成功過程中的阻礙。港區女的外表的確是她們的優勢，我也能理解想要與美女交往的心態。

但是，她們鑑定男人價值的標準，是根據你開的車、戴的錶、帶她去的餐廳、住的

33這裡的港區即指東京都港區，為市中心高級地區，類似臺灣所說的「蛋黃區」。

房子等級、職業的社會地位，因此從屬性來說，港區女與女公關沒有兩樣；她們很懂得深層心理，讓你沉溺在自己很了不起的錯覺中。你如果打腫臉充胖子與她們交往，荷包就準備大失血。

而且，有些港區女會讓在你在不知不覺之間逐漸墮落。例如，不自覺地愛炫耀，或是想要強調自己比其他男性更優……只把力氣花在這種無聊的事情上，成為一個膚淺的人。另外，如果你已經是「大叔」，為了不輸給年輕又帥氣的男人，很有可能會靠砸錢充場面。因此我可以斷定，港區女在你要成為真正有錢人的過程中，完全可以說是百害而無一利。假如你就是喜歡港區女的長相，也別擔心，這樣的女人每年都會大量生產製造出來，品質也總是控制在一定的水準範圍內，等你奮鬥三年後再選一個交往，也還有機會。

如果你打算花三年存到三百萬日圓，並用這筆錢改變沒有夢想也沒有希望的人生，現在顯然不是你追著那些港區拜金女屁股後面跑的時候。基本上想要得到某些東西，就必須有所割捨，你需要徹底習慣這樣的斷捨離。不僅是摩天大樓和港區女，所有不需要、不迫切的欲望，現在請全部丟掉。為了將來可以好好滿足那些欲望，現在請先努力存錢。但不可思議的是，當你達成目標的時候，往往早就忘了過去那些膚淺的欲望。

第 4 章

增加唄財富

致富心法

23

降低成本，提高營業額

記住收益的增加只是暫時的

這世上有很多人以為只要存錢就能變成有錢人。

這是很大的誤解，原因我也已經解釋過了。成為有錢人靠的不是存錢與守財，唯一的辦法就是賺很多錢，而且要用錢滾錢，愈滾愈多。

所謂賺錢，以公司來說就是獲利。獲利的方法有很多，一般人熟悉的就是「提高營業額」與「削減成本」這兩種。我用的方法卻不是這兩者的任何一個。

因為最好的方法是「**降低成本，同時提高營業額**」。

我當然也知道這只是理想，而且不是那麼簡單。一般來說，只要削減成本，營業額就會跟著下滑；因此想要提升營業額就必須投資。

但是，用對做法的話，有可能在降低成本的同時還能提高營業額。於是，「提高營業額帶來的利潤增加」與「削減成本帶來的利潤增加」合計起來，可處分所得就會增加到非比尋常的數字。這麼一來，用增加的所得繼續投資，就能夠錢滾錢，帶來更多的財富。

因此，為了增加財富，你必須考慮削減成本與增加收入這兩個方面。

我希望各位明白一件事，如果是個人的收入成功增加，也就是個人的薪水增加時，因為累進稅率的緣故，納稅額也會跟著增加。但是，如果可以減少可處分所得內的無謂開銷，就能直接讓你的淨利增加。

我舉個例子，假設你的月薪調高十萬日圓（約新台幣兩萬七千元），你拿到的不會是完整的十萬日圓，因為這十萬日圓也會被課稅；假如這筆錢要扣稅四〇％，也就是四萬日圓（約新台幣一萬元）的話，剩下的就是六萬（約新台幣一萬七千元）。因此，你的可處分所得只增加了六萬日圓。

另一方面，假如你能節省十萬日圓的無謂支出，就能夠直接留下十萬日圓在手邊，這整筆錢都是你的可處分所得。

也就是說，與月薪增加十萬日圓相比，削減十萬日圓的開銷，對於增加淨資產的貢獻較大。削減成本的意義就是這麼重要。所以，接下來我要先從削減成本的角度談起。

別相信「眼前賺到的錢」

看看四周，有很多人只是短期內增加了收入，卻一副自己已經達成目標的樣子到處炫耀。這種人只要手上的錢增加一點，就會買車換房，喜歡極度奢華的生活風格。

舉例來說，假設有一個搞笑藝人突然人氣竄升，這陣子他戶頭裡收到的薪資是一年五千萬日圓（約新台幣一千四百萬元）。

這筆錢平均下來，每個月有四百萬日圓，他覺得自己住房租一百萬的房子應該也無妨，於是搬到豪宅。然而，這樣的收入沒有持續太久。他的人氣後來下滑，原本每月四百萬的收入變成每月兩百萬、一百萬、五十萬，急速減少。

結果，這名搞笑藝人無法繼續住在房租一百萬日圓的房子，只能搬回便宜的地方。因為他誤以為一時增加的收入會永遠持續下去，結果賠上一百萬日圓的租屋禮金、一個月份的仲介手續費、退租時的復原費、搬家費，還有新家的禮金、仲介手續費等，浪費了不少錢。

我其實也有完全相同的經驗，所以才會寫出來。

因為暫時有了很高的收入，我立刻誤信那就是自己的實力，並誤以為這樣的收入能夠一直維持下去，於是提高了生活水準，但各位要知道這種狀態根本不可能持續太久。同樣的例子還會發生在公司經營者、投資客、炒短線的股票交易者身上。打完勝仗之後更應該把戰袍穿好，隨時備戰；你必須把錢轉入定存，或是換成踏實無風險的資產，在下次機會來臨之前維持生活現狀，養精蓄銳。

假設有位公司經營者因為二〇一九年的業績極佳，卻正好在新冠肺炎疫情爆發前換到更大的辦公室、大量錄用剛畢業的新鮮人，或一口氣在各地展店，現在應該覺得欲哭無淚吧。

當然，沒人能夠事前預料到會爆發疫情，這是前所未有的情況，因此這名經營者也很無奈。但是，所謂的「經濟」，就是即使遇上這樣不可抗力的情況也必須負起責任。也就是說，必須把天災地變等異常現象也當作是自己的責任。

這麼一來，**時時自我警戒，告訴自己「世事無常，這個月的收入或許下個月突然就沒有了」，才是比較妥當的做法。**

即使收入增加，也應維持原本的生活水準

再舉一個現實生活中的例子。除了我自己過去的經歷之外，網路上的網紅之中，也有人開設現在很流行的線上沙龍大賺一筆，馬上急著提高生活水準，結果後來聲勢不再，因為無法維持生活而關掉帳號，就此消失在眾人面前。

突然搬到出租豪宅，或流連在六本木與西麻布的俱樂部、夜店VIP室，或是與知名偶像團體的女團員們搞曖昧，這些都是危險信號。相反地，長期穩定站在頂端的傑

出人士即使賺大錢，也不會敗給欲望，而是冷靜地維持著原本的生活。

話說回來，當紅線上沙龍的年營收預估方式是「月收入×人數×十二個月」；假設現在會員有一千人，每人一萬日圓，預估年營收就是月收入一千萬日圓×十二個月，也就是一億兩千萬日圓（約新台幣三千三百萬元）。但這筆錢只是預估，不知道是否真的能夠拿到手。一般來說，光是要維持現有一千名會員一年的訂閱就很不容易，更別說增加會員的人數。

有些會員一開始是秉持著「好奇」才加入，基本上人都是喜新厭舊的，恐怕到了明年就已經徹底忘了你，轉而追求新潮流了。所以，千萬別誤以為「我是特別的，大眾對我的喜愛會長長久久」，否則就是悲劇的開始。

說起來就連大企業無微不至的服務都會被解約了；他們必須不斷花心思與行銷費用，招募新客戶來彌補解約者的空缺。因此，計算年營收的時候，不可以隨便就把月營收乘以十二倍計算。

另外，短線交易者和投資客也一樣。現階段大環境因為疫情影響，擴大了不確定性，所以隨意買進賣出即使賺了錢也多半是偶然，這只是在賭博，不只下一秒可能讓你把賺的錢吐出來，還有很高的機率會讓你連本金都賠光。

原因在於，人一旦贏了就會得意忘形，變得更貪心；一旦輸了就會奮起想贏回來。

像這樣來來去去，你將無法堅持穩健的投資方針，而是付出更大的代價企圖一次逆轉勝。也就是說，當你把投資或交易當成賭局的那一刻，就已經註定會敗給起伏不定的情緒了。因此，即使一時賺了大錢，也不能相信之後一直會有同樣水準的收入進帳。尤其投資本就是在有賺有賠的狀況下，本金逐漸增加。才賺了一點錢就急著提高生活水準，就是沒有考慮到之後如果收入減少該怎麼辦，這麼做只是在增加風險，應該更加謹慎小心才是。

歸納以上的內容，你要注意的重點就是：**即使收入順利增加，也很可能只是暫時，「別提高生活水準」、「別買不需要的物品」、「別隨意擴大投資或展店」**。

即使收入多少增加了，也請維持原本的生活水準。在財富增加的同時，還能夠削減支出的話，你就更有機會成為有錢人。

成功的哲學即「忍耐的哲學」

關於為何應該維持原本的生活水準，我想再多解釋一下。

有些人會主張豪奢的生活可以「提高賺錢的動力」。

我不會說這樣的做法完全沒有提升動力的效果。

以網路公司CyberAgent[34]為例：這家公司是藤田晉社長於一九九八年和兩名工讀生一共三個人，在原宿一間小小住商混合大樓創立的公司。成立大約一年後，就搬到表參道車站旁的氣派大樓。明明是剛起步的新創公司，辦公室面積卻比以前大上三倍。

當然，此時員工仍然不多，所以辦公室裡空蕩蕩的。藤田社長一看到沒人的空間就想要填滿，於是他擴大事業版圖，增加員工人數。

也就是說，他先準備好盒子再去填滿它，讓實際狀況跟上。

我所住的杜拜也是如此。自二〇〇〇年起經濟發展的同時，也帶動了基礎建設的投資，使得不動產供過於求，因此杜拜對外宣傳他們是摩天大樓棟棟相連到天邊、世界數一數二的先進國家，吸引外來移民入住。

不過，這樣的強者邏輯容易受到運氣和天賦的影響。一般人不會主動去填滿眼前的空盒，這種做法對他們來說反而危險。我們不能不經思考就仿效天才做同樣的事；因為

34日本最大網路廣告代理商，同時也是日本最大的社群遊戲公司。

看到成功的特例，就深受感動進而模仿，下場通常都很慘。我希望各位選擇平凡人也能夠確實辦到的方法。

另外，如果一般人採取提高生活水準來提升動力的做法，有可能開啟無窮盡的物欲。住進租金昂貴的豪宅之後，你會開始穿上昂貴的衣服，連光顧的餐廳也不一樣了，八成還會購買高檔車和手錶。這麼一來，你就會陷入「我很了不起」的優越幻象，直到墜入深淵才能清醒。

就我所見，打腫臉充胖子的人有九成以上都會變成這樣。

為了避免這種情況發生，重要的是你必須「經常延遲滿足」。延遲消費與欲望，你就會有動力賺錢，財富因此增加。延遲滿足就是一個人努力的最大動機。

也就是說，成功的哲學就是「忍耐的哲學」。

回顧自己的過往，我發現自己往往在忍耐之後就能闖出一番成果。我曾經為了減肥而忍耐，忍受過股票套牢，也忍受過來自外界的誹謗中傷和批評。

我經常說：「打完勝仗之後更應該把戰袍穿好。」意思就是不能因為小小的勝利就鬆懈，要更加戒慎恐懼。這也是祖父留給我很重要的人生哲學。

比起現在拿手上的一百萬日圓去血拼，你應該先忍住欲望，讓這一百萬滾成未來的一億。當這筆錢變成一億日圓，即使你花掉一百萬的五倍，也就是五百萬日圓，手邊還有九千五百萬日圓。你不覺得這樣的結果更理想嗎？

因此，在錢變多的時候，你更應該要忍住別亂花，這正是有錢人致富的祕訣。

想成為真正的有錢人就要懂得「再投資」

忍住消費的欲望之後，接下來要做的就是再投資。也就是用錢滾錢增加收入的方法。**把短期賺到的錢拿來再投資，獲利之後再投資，這樣持續下去，財富就會增加。這個做法很單純，但唯有這個辦法才能夠成為真正的有錢人。**

這個狀態如果要打比方，就像從山頂滾下來的小雪球，滾到山腳下時已經變成巨大的雪球了。

這就是「複利效果」。所謂的複利效果，就是把投資的獲利用來再次投資，藉利生利併入本金裡加碼投資，所形成的連環效應。向民間金融機構借錢還不出來時，債務的利息也會產生新的利息，就像雪球般愈滾愈大，這也是複利效果，只不過是負面的。

以我自己為例。我在匯豐銀行（ＨＳＢＣ）與大東方控股（Great Eastern Holdings

Limited，簡稱GEH）的保險基金投資了大約五百萬美元（約新台幣一億五千萬元），一年會產生四．二%（二十一萬美元，約新台幣六百零二萬元）的獲利。我把這筆二十一萬美元加入本金繼續投資，翌年產生的獲利是五百二十一萬美元的四．二%，也就是二十一萬八千八百二十美元（約新台幣六百二十七萬元）。也就是說，第二年就多增加了八千八百二十美元（約新台幣二十五萬元）。我再次把獲利全數投入本金，繼續得到四．二%的獲利，過程就是這樣。

另外，我還擁有同樣是價值五百萬美元的公司債，一年約有五%的利息，所以一年會產生二十五萬美元（約新台幣七百二十萬元）的獲利。使用這筆二十五萬美元購買股利有四%的股票，價值二十五萬美元的股票就會多增加一萬美元（約新台幣二十九萬元）的獲利。

把投資創造出來的軍費像這樣換成其他資產，先製造小額的回饋；然後這筆回饋也不花掉，繼續換成其他能夠獲利的商品，持續用利滾利，是最基本的思考方式。如果是保險，獲利會自動納入本金；但如果是股票股利或公司債的債券票息[35]，你就會直接拿到現金，必須自行再去購買其他資產。

以下注意事項請各位必須小心：保險如果打算在七年之內贖回，就會產生違約金。

買了公司債之後，如果沒有到達到期日就必須以不利的價格賣掉，會產生資本損失（Capital Loss，又稱資本減值）。在股票除權息交易日之前，以略高的價格買進股票，等到除權息交易日那天股價下跌時賣出，就會與公司債一樣產生資本損失。也就是說，**如果投資有時間限制，或是缺現金必須變現，你的複利投資多半會以失敗收場。**

但是，只要你有充足且沒有時間限制的資金，也有充分的時間，就可以利用前面提過的理想複利方式拿利息再次投資。

在這次的疫情衝擊下，仍有公司經營不受影響，能夠照常支付票息，因此你還是能如常收到利息。你可以再利用這筆利息，趁著目前高投資報酬率的股票價格受到疫情影響打了折，加碼買進。

再加上等到期日才贖回，還能夠保本。發行公司如果倒閉，的確有可能拿不回部分或全額本金，不過這種情況發生的機率十分罕見。只要你更謹慎挑選發行單位，就能夠減少遇上債務不履行的機率。不過，我當然無法保證機率為零。

再者，以這類收入（股票的配息金、債券的利息等）為基礎的資產運用，等到資金

35 coupon，按照票面利率支付的利息。

增加之後再進行比較有效率。一開始還是必須透過商業行為，或是參與能帶來資本利得（capital gain，提昇資產價值帶來的利益）的短期投資擴大軍費。

另外，商業行為與短期投資雖然能夠擴大軍費，但要持續進行再投資，必須克服很大的心理障礙。比方說，某人很努力累積了三百萬日圓的軍費，他以這筆錢當作本金，從事新副業或炒短線賺錢，使得三百萬變成五百萬回來。這時，他的腦子裡就會冒出「我好不容易賺到五百萬，不想用掉」、「這筆五百萬可以用來買很多東西」等干擾。

用五百萬再投資增加到八百萬時，因為手邊的錢變多，外在的誘惑就會更加強烈。例如：有了八百萬就能夠買那輛想要的車、付房貸頭期款買房。隨著錢愈來愈多，與欲望交戰的情況也會愈演愈烈。想要戰勝這些誘惑，把錢當成是打「金錢遊戲」電動的得分，不失為一種方法。

「把錢當成是打電動的得分」，與現實切割

我說的金錢遊戲，不是短期獲利的投機型投資，而是純粹用得分比輸贏的電動遊戲。想想《信長的野望》和《三國志》這類戰國時代的策略模擬遊戲。遊戲的得分在現

實世界中沒有意義，增加或減少也不會心痛。但如果你對賺到的錢太過執著或真實感太強的話，就很難拿來再投資。

因此，我離開日本之後幾乎不去看現金。即使錢變多了，也只是帳面上顯示的數字變大而已，沒有太大的真實感。重點在於，看到逐漸增加的數字，你是否能把那個數字看作不可使用的錢。

是否再投資，是足以影響人生的重大問題。我不是在恐嚇你，無法持續以錢滾錢的話，你就無法升級。

以前面提到的電動遊戲來打比方的話，這道理就跟你平時儲備軍糧保衛國家，提高軍事能力，在與其他戰國諸侯交戰的勝負時刻，你卻燒掉軍糧、解散軍隊一樣。這麼做的話，敵軍瞬間就會攻陷你的城池殺掉你。

所以，不管你將賺錢比擬成哪種電動遊戲，希望各位暫時忘掉對錢的執著。拿來當作軍費的錢，絕對不可以中途抽掉，連一次也不行。最後贏得遊戲統一天下的人，那筆錢才會真正成為你的錢。

全球規模最大的怪獸企業亞馬遜（Amazon.com, Inc.），自一九九七年起超過二十年都把大部分獲利拿來再投資。該公司的營業額雖然以驚人的氣勢持續成長，但最終損益卻長期都是虧損，這是很有名的例子。

亞馬遜想要短期獲利很簡單，停止追求營業額的成長、放棄擴大企業規模的話，多少都會有獲利。然而，亞馬遜的創辦人兼 CEO 貝佐斯（Jeffrey Preston Bezos），似乎沒有打算回收前期投資的軍費，彷彿在等待自己統一天下的時刻到來。

我想強調的就是亞馬遜採用的這個點子。短期內他們的確必須一直忍耐；早期社會大眾經常批評亞馬遜是萬年虧損企業，看不起他們，如今卻得到全世界的讚揚。也就是說，忍耐的過程中被他人瞧不起是理所當然的，甚至會讓你開始懷疑起自己。但是綜觀大局來思考的話，你就會發現他們堅持的再投資心態沒錯。

結果，問題就是你要在哪個階段才能感到滿足。把你現在買得起的東西，和你未來買得起且更大的東西做個比較試試。只要你能夠冷靜下來，你就會明白不應該為了滿足小小的欲望殺雞取卵，你會開始重視更遠大的欲望，好滿足你今後的漫長人生。

你怎麼看待杯子裡的水？

假設你透過商業行為和反覆再投資，累積了幾千萬、幾億日圓的淨資產。要怎麼做

才能達成目標，請參考我前面已經提過的內容，以及我接下來要寫的內容，自行找到適合自己的方法

接下來我想談談擁有某種程度淨資產的人會有的問題。

在這個階段你將會面臨下一道關卡。

我在第一章提過松下幸之助的水庫式經營。重點是「景氣固然好，但經營不可以隨波逐流，必須為景氣惡化做好準備。把水存在水庫裡，配合需求放水，這才是你必須採取的經營方式」。

現在，假設水庫已經儲好一半的水。

你看到這個水量有什麼想法，將是你能否成為有錢人的重大分水嶺。

人稱「企業管理之父」的彼得．杜拉克（Peter F. Drucker）有句名言提到「杯子裡的水」。有一部日本電影以非常簡單明瞭的方式說明了杜拉克想表達的意思，我來介紹一下。

那部電影就是在泡沫經濟全盛時期的一九八七年上映的《女稅務官》，導演是伊丹十三。《女稅務官》講述國稅局查察部調查員與逃稅嫌疑人之間的戰爭，是相當寫實的作品。津川雅彥飾演的國稅局查察部統括官花村，與山崎努飾演的逃稅搜查對象權藤英

樹，有過這麼一段對話：

花村問：「要怎樣才能像你一樣賺錢？」權藤拿起裝威士忌的酒杯，這麼回答：

「就是把錢存起來啊，花村先生，就是不花錢。

「你呢，一出席葬禮就包一萬，參加婚宴就包兩萬，對吧？你這樣子花錢，錢就不會留下來。

「就算你有一百萬，只要你開始花，錢就會花完。然而只要不花錢，即使只有十萬，也能擁有完完整整的十萬。

「你現在就像在滴水的水龍頭底下放杯子想要儲水。水才存了一半，你就口渴把水喝掉。這是最糟糕的做法。

「你應該要等到水裝滿，即使裝滿也不可以喝掉。要等水滿溢出來了，你才可以舔掉溢出的水。在那之前你必須忍耐。」

看到杯子裡裝著半杯水，因為「已經有半杯水」而樂觀與因為「才只有半杯水」而悲觀，看法截然不同，而且解讀因人而異，有多少人就有多少種解釋。

我舉個例子：你如何看待這次的新冠肺炎疫情？在你產生想法的那一刻，我認為勝負已定。在此提供我的解釋給各位參考：

「民眾開始注意起病毒，能夠大幅度降低自己與家人未來不小心罹患其他傳染病時的死亡機率。」

「市場行情出現意想不到的谷底，正好趁此機會深入學習資金管理的重要性，最重要的是能夠增加股票張數。」

「可以仔細思考後疫情時代的世界哪些事物會加速發展、哪些會被淘汰，進行大幅度的斷捨離因應變化。」

就像這樣，即使是短期看來讓人感到絕望的情況，在我看來長期下來一定還是有好處。我在日本破產時、少年時期遭到逮捕時也是，不同的解讀會帶來不同的結果，可能是危機，也可能是轉機。

還有一點很重要的就是，**發生好事時你反而應該悲觀地解讀，保持謹慎態度，才能持續成功。**

由此可知，對事情的解讀將左右你往後人生的成敗，這一點也包含在金錢的真理中。

✴劃一定一可一宣一洩一欲一望一的一範一圍一

致富心法 24

只取用「淨資產一億」杯子溢出來的水

回到杯子的話題，我們對於杯子裡的水必須悲觀看待，應該解讀成「才只有半杯水」。更重要的是，即使杯子裡裝滿了水，你也要想到「喝掉就沒了」。你應該像前面那部電影提到的：等到杯子裝滿水，水溢出來，你才可以喝那些溢出來的水。

杯子裡滿滿的水就是你的淨資產，也就是資本金，接下來很長一段時間它將為你帶來更多的錢。

另一方面，溢出杯子的水，就是再投資買下的不動產收到的房租，或是股票股利，或是你創立的事業帶來的後續收入。因為擁有資產讓你得到的收入稱為「投資收益」（income gain）。這些投資收益，加上你擁有市場交易價格會變動的資產，價格上揚時，你的資產會因為市值評價而產生未實現獲利，將未實現獲利實現之後，你就能夠喝掉溢出來的水。這就稱為「資本利得」（capital gain）。

像這樣只喝溢出來的水，你用來作為資本金的淨資產就不會減少。

如果能夠變成這個狀態，你會發現一件很有趣的事，錢會吸引更多的錢來，你既能夠滿足欲望又能夠成為更有錢的人，一舉兩得。等你走到這個階段時，就可以稍微放鬆日積月累的忍耐。比方說，假如你無論如何都無法克制物欲，只要你只取用溢出來的水，要買任何想要的東西都可以。

不過我要特別補充一點，我認為**溢出來的水至少必須留下一半。**假設溢出來的水金額是五百萬日圓，你最多只能花掉兩百五十萬。所以，即使你想要上千萬日圓的高檔車，這個時候買還太早。其實我覺得用掉一半還是太多，可能的話，花在欲望和消費上的額度，最好不超過四分之一，才是最理想的狀態。

把「淨資產一億日圓」設為必達目標

我這樣說，各位或許會心想：「我究竟要忍耐到什麼時候才會變成有錢人？」這要看每個人的想法，有個數字姑且可以當作判斷的依據。

研究分析全球經濟的智庫認為，富裕階級的定義是「淨金融資產達一億日圓」。至於淨金融資產達五億日圓以上者，就是超級富裕階級。

淨金融資產是指現金、存款、股票、債券、投資信託、壽險等金融資產的總和，減掉負債之後得到的金額。這個數字不包括土地和建築物等不動產；大概是因為不動產要變現比較耗時，有些物件甚至找不到買家。反過來說，如果是流動性高的人氣物件，或許就可以考慮當作淨金融資產。

總而言之，日本的富裕階級數量超乎想像的多。二〇一七年的資料顯示，大約有一百一十八萬個家庭屬於富裕階級。這個數字僅次於美國、中國，名列世界第三。日本現在還可以算是有錢的國家。

因此，身為日本人的你如果想要成為有錢人，就必須先以淨金融資產達一億日圓為目標。

一般上班族想要創造一億日圓的淨金融資產並不簡單，但也不是辦不到。我想一切都取決於你的點子。

比方說，利用以下這種方式可能就可以達到。

日本的麵包超人有推出各式各樣的官方周邊商品，例如：玩具、圖畫書、衣服等，但是在我居住的曼谷卻沒有賣。我家有小小孩，他最愛麵包超人，在國外也經常看麵包超人的電視節目。但不管孩子再想要麵包超人商品，我們也只能在去日本的時候買，或是從日本網站訂購再轉寄到國外，沒有其他管道可以購買麵包超人商品。曼谷有很多日本人家庭，麵包超人在這裡很受歡迎，卻沒有在賣官方出的周邊商品。

但是日本官方推出了大量的周邊商品提供給市場，於是有人從日本買進大量的麵包超人商品寄到曼谷，再以兩倍或三倍的價格販售。孩子們對網路購物不會興奮，只有去玩具店時才開心。所以把麵包超人商品鋪貨到實體商店的進口商，就能拉高其他人參一腳的難度。

抬高售價是麵包超人授權單位允許的行為嗎？還有關稅該怎麼處理呢？關於這些我不是很清楚。但看到這樣的生意能夠長久存在，我不禁感到欽佩；所謂做生意的良機，就是只要仔細觀察四周，也有可能混得風生水起。

採購進來的東西加上利潤後賣出＝做生意

這只不過是我最近看到的一個例子，而且這種生意有庫存的風險。但如果業主採購了一百萬日圓的商品全部都能賣光，就會變成兩、三百萬日圓的現款回來；採購三百萬日圓的商品賣光，收入就會擴增到六百萬至九百萬日圓。這六百萬至九百萬日圓如果拿去再投資，就能夠增加軍費。假如你想做這門生意，說實話也沒有不能做的理由。重點在於「將採購進來的東西加上利潤後賣出」。

有一種貿易方式稱為「直運（Dropshipping）」。簡言之就是「無須採購商品（零庫存）也能開網路商店」的商業模式。

追隨者眾多的部落客當中，有些人就是利用直運的商業模式，銷售原創T恤等商品來獲利。

直運的優點是，由業者提供T恤等商品，替你印上原創設計，幫你出貨，因此你完全沒有任何庫存，而貨運費用則是由買家負擔。舉例來說，部落客把商品五百日圓、印製費一百日圓，總計六百日圓（約新台幣一百六十二元）採購來的T恤，以一千五百日圓（約新台幣四百零五元）販售，賣一件就能賺九百日圓（約新台幣兩百四十三元）。

另外再舉一個例子，我在第一章也提過把各類資訊寫成內容文章投稿並收費的note服務，在日本似乎很流行。這門生意也沒有生產成本，扣除系統使用費之後，剩下的全是毛利。

其他還有在日本以外的國家流行的「OnlyFans」服務，以月費制販售性感女性的數位照片或影片。這項服務讓原本很難賺錢的社會階層可以賺錢，一年賺超過一億日圓以上。高學歷才有高收入的社會常識已經不適用，沒人曉得機會什麼時候會找上誰。

像這樣利用網路做生意的案例，只要想找，要多少有多少。說得極端一點，去河邊撿一塊漂亮石頭回來標價賣，也是零成本的生意。雖說商品沒有附加價值的生意很難長久維持下去，不過替石頭標價就是在做生意了。

聽說美國在一九七〇年代真的有人拿普通石頭當寵物販售。令人驚訝的是，這個人在半年內賣掉五百萬顆石頭，賺到大約六億一千萬日圓（約新台幣一億七千萬元）。採購進來的東西加上利潤後賣掉，這個轉賣過程就是做生意的基礎。

事實上我正在從事的股票和不動產投資，也是屬於轉售的一種。

舉例來說，我以一股一千日圓的股價買進一百股，等到需求升高時，我再以一股兩千日圓的高價轉賣那一百股。差別在於股票投資會透過K線圖視覺化而已。事實上股票投資也只是向某人買來無形的權利，再賣給其他第三者的轉賣行為罷了。

不動產也一樣。我擁有的曼谷頂級豪宅麗池卡爾頓酒店式公寓（The Ritz-Carlton Residences Bangkok），按照購買當時的匯率來看，買價大約是兩億六千萬日圓（約新台幣七千萬元），現在的交易價格已經來到四億五千萬日圓（約新台幣一億三千萬元）左右。將來飯店進駐大樓下半部樓層、改裝成餐廳等，更進一步開發建築物本身和周邊地區的話，交易價格還有可能看漲。當然如果新冠肺炎疫情持續下去的話，房價也有可能大跌。

在此提個假設：假如我以兩億六千萬日圓買房，再以四億五千萬日圓賣出的話，我就能賺一億九千萬日圓，這筆錢就是從杯子溢出來的水。

兩億六千萬日圓的本金是杯子裡的水，我當然會拿來再投資，即使我從溢出來的水中拿一半金額（九千五百萬日圓）去亂花，還是可以把剩下的九千五百萬日圓拿去再投資。

投資、靜置、等到出現評價利益就實現獲利。然後溢出來的水取一半以上，可能的話拿四分之三以上再投資。這樣的反覆操作固然簡單，但努力維持這個循環持續運作才是重點。

反覆投資再投資，總有一天你會得到淨資產一億日圓的杯子。但即使達到目標，之後也只能取用溢出來的水。

不管是投資或做生意都可以，再投資不問方法，只要賺錢就好。平日多想想再投資的門路非常重要，你也可以收集資訊幫助思考。反過來說，如果你不喜歡這類活動，你就很難成為有錢人。

訓練自己的能力

致富心法 25

把資產交給別人運用是浪費時間和金錢

話說回來，我最近這幾年才確定一件事，那就是：**這個世界充滿了詐欺**。聽到我這麼說，或許有人會很驚訝，但我離開日本到海外後，更加確認了這世上大多數的存在，毫無疑問都是詐欺。就連你所相信的國家和大型企業也是。

先進國家提出貨幣政策，把來路不明的資金大量提供給市場，這樣的行為很難稱之為正當；就連上市企業辦的股東大會（企業向投資者和股東報告財務狀況等的活動）也令人存疑。

即使是大企業，也會準備好對消費者不利的契約，而且內容滴水不漏。民眾對於給人負面觀感的賭博或典型詐欺，時時都會保持警戒，反而是包裝好看、正大光明、乍看之下沒有危險的機構，才最難應付。

你很容易相信的大型投資信託、避險基金、國際級投資銀行所推出的保險商品、企業集團發行的公司債，這些金融商品多半會讓投資人簽下不利的契約。

嚴格來說，是否會對投資人不利要視情況而定，不過這些合約至少都不會讓他們吃虧。

我試過不少金融商品，現在我可以斷定：**資產運用唯有靠自己操作才會賺錢。**

大企業推薦的金融商品很危險

當然我現在仍持有匯豐銀行與大東方控股的保險、歐美和中東基金、歐洲企業公司債等。只要沒有時間限制，這些投資的確能幫忙賺錢。但沒時間的人、缺乏資金的人如果投資這些商品的話，毫無疑問最後一定會虧損。因此，你不可以抱著隨便玩玩的心情投資。原因前面也提過，這類金融商品通常設計成現買現賣的話一定會損失。與那些金融機構交手想要賺錢，你必須投入大把時間才行。

另外，一般來說當你想要抽回資金時，對方一定會全力慰留；他們不會痛快答應解約，而是會說：「如果您需要資金，可以抵押這個證券申請現金融資。這個合約這麼有利，您為什麼要解約？」

事實上，我前幾天剛解約兩個非主力投資、本金總計七十萬美元（約新台幣兩千萬元）的金融商品，但解約過程非常艱辛。

對方說：「市場正在崩盤，現在解約不是良策，希望您再等幾個月看看。」「銀行戶頭的自動扣款尚未解除完成，所以目前無法解約。」明明只是要解個約，沒想到這麼麻煩。

即使我這兩個金融商品已經買了四年，也符合契約上合法解約的權利，解約的過程卻不順利。對方的負責人員一個換過一個，拚命慰留我。在經歷一連串的交手之後，我發現：因為疫情衝擊的變數，金融業目前的局面也相當混亂。

最後，解約了兩個投資基金之後，我重新思考，決定今後絕對不再把錢交給大名鼎鼎的投資信託和基金。仔細想想，解約與管理的手續費也收得不合理，而且一旦發生變數，對方就有很多藉口，甚至有可能不遵守約定。

我重新仔細分析過契約後，也清楚了解到這些金融商品的設計，都是我們這些投資人在承擔高風險，但我們得到的回饋卻是微乎其微。

委託別人投資是浪費時間和金錢的行為。如果要投資，不管是虧是賺，還是自行操盤比較穩當。原因在於自己動手的話，能夠大大增加個人的經驗和見識。

每次有了新的人生經驗，我就會這麼想：

「這世上原本就沒有什麼值得信任，能夠相信的只有自己的技術。」

我自己過去也曾經多次接到許多大型金融機構的提議：「您要不要拿持有的股票當作擔保申請融資，加買其他金融商品呢？」假如我當時利慾薰心，真的同意該提議的話，我現在的淨資產早就嚴重虧損了。因為我如果使用槓桿背負利息，花十億日圓起跳的一大筆錢買當時的美股，我現在應該早就套牢兼債台高築了。假如那些債務每天都有利息產生，我應該會精神崩潰吧。從這個角度來說，再沒有什麼東西比知名大企業推銷的金融商品與投資觀念更危險的了。

向騙子學習「供需理論」

由此可知，我們要記住「值得信賴的企業根本就不存在」，這樣才能夠守住財富、增加財富。當然世界上還是有正派的公司。正因為知道這一點，所以我才敢這麼說。**信任就是一種盲目的依賴，依賴不會讓你的錢變多。**

因此，在此我不去分析大型企業或知名企業，反而想跟大家談談一般視為禁忌話題的詐欺和違法商業行為。

首先看看最近流行的違法轉賣票券（黃牛）。他們購入民眾需要的商品，加上不合理的利潤之後賣出，但從另一個角度來看，也可說他們相當具有商業頭腦。

他們轉賣的價格取決於供需之間的平衡。這種商業模式的原理是，想要某樣東西的人非常多，但賣的人卻極少的話，賣家就能賺大錢。舉例來說，像嵐等傑尼斯偶像團體的演唱會門票，從過去揭露的案例來看，價格可以賣到十五倍。因此考慮供需時，別忘了「獨家提供」這個角度。因為一般來說，多數商品都會因為競爭對手太多，導致無利可圖。

供給可以獨占嗎？

我們當然應該避免違法轉賣這類觸法的行為。這不只是倫理道德的問題，刑事罰責與社會制裁也很重；比起賺到的利潤，你更有可能損失時間，還要面臨賠償問題。

但是，從原始的商業原理思考的話，有人想用某個價格賣商品，也有人想用那個價格買商品，既然雙方達成共識，只要過程中沒有威脅、詐欺等行為，應該都可以自由買賣。問題是轉賣在日本是違法的[36]，在某些國家卻是合法的。美國就是其中之一，網路上有許多轉賣票券的服務，從音樂表演到體育賽事，所有票券皆可販售。

36 在日本，票券（遊樂園門票與新幹線車票、低於定價的轉賣除外）、酒類、廠商警告禁止轉售的商品、中古二手貨，這四類商品禁止轉賣。其中，中古二手商品必須有執照才能買賣，一般民眾不可購買二手商品轉賣賺差價，不過可以轉賣自用的二手貨。

因此，違法與否只是政府的問題。自由主義原本就主張物品流通不受限制。我認為這樣子才有助於價格的形成與流通。

當然，我舉票券轉賣（黃牛）的例子，就跟販賣毒品、槍械一樣，都是違法的行為，正因為供給有限制，才能高價轉賣。但無論如何，千萬別忘了從「供給可以獨占嗎？」這個角度來思考。即使在某領域已經有類似的商品存在，你還是可以採用品牌區隔策略，變成獨家提供；或是透過原創的服務變成獨家提供。**打造供給有限的狀態，是我在考慮做生意時最重視的原則。**

配合社會潮流與時代脈動

接下來我們來談談轉帳詐騙。這是現代最具代表性的惡行，千萬不可以模仿，但詐騙集團死纏爛打的機制倒是值得研究。

舉例來說，詐騙集團會持續開拓詐騙對象，每天不停地打電話，業務系統相當有組織，宛如活在黑暗世界的蟑螂般生命力旺盛。

另外，轉帳詐騙的特徵就是相當貼近時事。最常出現的四種詐騙類型有「盜用身分詐騙」、「假請款真詐財」、「融資保證金詐騙」、「退稅詐騙」，當中的「退稅詐騙」就屬於貼近時事的類型。

大約十年前，日本公明黨提案實施生活援助政策，撥款總金額超過兩兆三百九十五億日圓（約新台幣五千五百億元）當作定額給付金，發給六十五歲以上每人兩萬日圓（約新台幣五千四百元），十九歲到六十四歲每人一萬兩千日圓（約新台幣三千兩百元），十八歲以下每人兩萬日圓。

率先對這項政策做出反應的，就是詐騙集團。

詐騙集團想出把定額給付金當成詐騙藉口，開始打電話說：「我是市公所的職員，您的定額給付金手續尚未完成。請拿著手機前往ＡＴＭ辦理。」

不只是定額給付金，每當政府改了什麼政策，詐騙集團一定會推出與新制相關的詐騙。利用主要受害者老年人在電視上看過的資訊設計詐騙內容，與社會大眾的現實狀況即時同步。

我認為詐騙集團的劇本創作者相當有商業頭腦。為什麼這麼說？聰明的YouTuber和部落客也非常擅長配合社會潮流與時代脈動。比方說：世界盃延期他們就會幽默揶揄，發生地震就會討論捐款，民眾抨擊不倫行徑就會一起加入批評……懂得將吸引社會大眾目光的時事，與自己的行動做連結，像這樣搭上時勢順風車的視點相當重要。

這麼一想，轉帳詐騙的行為其實相當反映世態。詐騙集團的騙術很容易煽動人們起身行動。我當然不是叫大家去做轉帳詐騙，但你可以汲取其中的精華，以正確的方式套用在正派生意上，我認為會很有幫助。

說起來，也有不少人從成人片等地下世界轉入正派經營的世界，搖身一變成為成功的企業家。想要在這個世界順利存活，理想與現實必須維持絕妙的平衡。

馬丁・路德・金恩牧師說：「沒有愛的力量是魯莽濫用；沒有力量的愛是敏感貧瘠。」[37]我認為很有道理。每次看到一事無成的年輕人參加反政府抗議遊行，我就會這樣想：「你必須先有些成就，說話才有力量，才能夠改變社會。你現在的主張在多數場合只是浪費時間精力。」

因為那等於是沒有力量的愛。現實社會沒有那麼簡單，並非你主張正確的事就能夠改變。

因此，當你舉著社會正義的大旗，嘴上說著漂亮話就能萬事順利的話，我只會說恭喜你，但現實問題是，缺乏實際成績和金錢作為助力，你就沒有力量。

歸納以上內容，我希望各位記住的重點是：為了擁有力量，不管是什麼生意、以什麼樣的架構與原理驅動，都要帶著好奇心去分析研究，時時保持積極的心態。

37 原文是「...power without love is reckless and abusive, and that love without power is sentimental and anemic.」。內容摘自金恩牧師於一九六七年八月十六日，在美國喬治亞州亞特蘭大舉行的南方基督教領袖會議演講。

✳ 決策速度愈快，愈能提升成功率

致富心法

26

不斷進行「小測試」訓練你的直覺力

前面舉了許多例子，我認為不管靠什麼賺錢，最重要的是「累積小成績」，以及藉此「訓練右腦」。

遇到任何情況，我都是先憑直覺採取行動。聽到我這麼說，你或許會認為我是單憑靈光乍現的點子決勝負，但事情並非那麼簡單。

一般人決定事物，是用左腦進行邏輯思考之後做出決定。例如：採購新商品時，客戶準備了A、B、C、D四個選項。你收集各選項的所有情報，包括：各有多少需求、標價多少顧客願意買、必須花多少廣告費宣傳等，在腦子裡整理過一遍，慢慢思考。

但是這種做法要花上很長一段時間才能夠做出判斷。而且即使花了那麼多時間，也不見得保證就是最正確的選擇。

相反地，右腦是負責直覺、靈感、感覺、靈光乍現等邏輯無法解釋的思考。假如有A、B、C、D四個選項，我會立刻憑直覺選D。

我舉個例子：人都有「喜歡」和「討厭」的情緒；看到一幅畫時，每個人應該都能在瞬間判斷出喜歡或討厭。右腦的判斷機制就跟這情形一樣，看起來好像沒在思考，其實大腦已經做出了判斷。

因為不是靠邏輯思考，所以不需要思考的時間，很快就可以做出決定。「很快」代表有很高的機率能夠把握機會。當其他人花了很長的時間思考同一件事時，你早已經進入下一個階段了。

只是，靠直覺行動，不可以一下子就失控爆走。因為經驗不夠的話，直覺就會缺乏準確度。年輕人經常犯這種毛病：直覺告訴你這個很好，你就把資金全數投入，或辭掉原本待的公司自行創業，不顧一切地採取行動。這種人很常見。我敢斷言，這麼做不會成功。

假如你有某些副業或投資，卻還沒有成果，那並不是因為你花太多時間待在公司，妨礙了你的發展，而是你還欠缺經驗和敏銳度。你誤以為「只要我變成專家，就能賺錢」。**等你每天花一到兩個小時的副業或投資成果能夠超過公司薪水，這時候你才有資格考慮辭職。**

直覺不一定正確，需要反覆驗證

我的做法是，當我憑直覺從A、B、C、D的選項中選出D之後，一定會先用一小筆錢進行測試。

以股票投資為例，即使我直覺認為某支股票的股價會漲，一開始仍然只會買一點點。假如我平常一買就是兩、三億日圓，此時只會先買個兩、三百萬，也就是用百分之一的小額資金進行測試。

有時我突發奇想，想到「這個商品用這種宣傳，應該會熱賣」，我就會先進貨一個，用一千日圓（約新台幣兩百七十元）的預算上網打廣告測試看看。

我會像這樣反覆進行非常小規模的測試；等到證明結果與自己的直覺相符，才會踩下油門加速。這個時間點我稱之為「主觀與客觀一致的瞬間」。

但即使是這種時候我也不會冷不防就投入全數資金，而是會分幾個階段進行：用十萬日圓測試很順利的話，接著就是一百萬日圓，再來是一千萬日圓。到了這個階段終於可以確定我的想法無誤的話，就會投入一億日圓。

我會根據經驗，從直覺起步，經過幾次測試後，最後踩油門全力加速。即使你認為自己的點子很好，只要市場不認同，就只能是紙上談兵。

憑直覺決策固然速度快，但猜錯的情況也很多。這裡我想說的是，猜錯並不是什麼大問題，正因為我已有可能猜錯的心理準備，才會先用小額的錢進行測試。

尤其當遇到自己不擅長的領域、沒有研究過的領域、沒有成功經驗的領域時，很容易會判斷失準。正因為直覺不見得是正確答案，才需要立刻進行小測試。

就像這樣，以直覺為依據，超快速採取行動，累積成敗的經驗，你就能訓練直覺，自某個時間點起，你的直覺判斷就會比邏輯判斷還準確。

這個道理就跟運動員的反射動作一樣，運動員的行動不是靠大腦判斷，而是靠身體的自動反應。這麼一來，原本千分之一的成功機率就會變成十分之一左右。儘管如此，直覺也不會百發百中，這就是人類的極限。所謂成功，就像「駱駝通過針孔」[38]一樣，是一件很困難的事。

然後，用來做小測試的錢即使損失，也不必在乎，這種心態很重要。這是增加財富必須的花費，就當作是繳學費買到一個教訓，從大局來看，這個教訓就是最好的回報。

羨慕「旁人的成就」無法讓你成功

根據直覺採取大量的行動後，培養出小小的成績就是「成功之芽」。

接下來你必須專注替幼芽澆水，把它養成大樹。但是人類這種生物，經常一看到別人成功的例子，就會想照做模仿。

假設你原本在培養部落格這株小芽，一看到人家 YouTuber 賺錢是以億為單位的報導，又看到 HIKAKIN（人氣 YouTuber）上電視的樣子，你心想：「當 YouTuber 那麼賺啊？我也想當。」於是開始在 YouTube 上傳影片。

或是你看到某位成功短線交易者的報導，心想：「啊，玩股票或外匯也不錯。」於是開始買股票或投資外匯。也有人是因為看到創業成功、股票上市的例子，就決定自己也要創業。

挑戰新領域本身不是壞事。

問題在於，**受到他人成功事蹟的影響開始行動，這種程度的動機多半無法持久，恐怕幾個月就是極限了。**

我再舉個例子。我聽說有人看到電視節目介紹我之後，很嚮往我這種住在國外的生活，或是也想跟我一樣當投資客。但這種人即使移居海外也不會順利，很快就會感到挫折搬回日本。

如果你不懂得專注在自己目前正在做的事情，總是覺得別人家的草坪看來比較鮮

38 這個比喻出自〈馬太福音十九章二十四節〉，高大粗壯的駱駝要穿過細小的針孔，表示「非常困難」。

綠，只會成天唉聲嘆氣，就會離成功愈來愈遠。

別人家的草坪長什麼樣子都與你無關。

因為隔壁億萬富翁的經歷，在你過往的人生與生活中，在你累積經驗的過程中，不是必然會出現的選項。

最重要的是你現在正在做的事，也就是你一直培養到現在的幼苗。

當你付出努力卻遲遲看不到結果，確實會對自己做的事感到厭煩。我能夠理解你羨慕別人的心情。無法想像自己成功的樣子，也是一種痛苦吧。

但是，光是嚮往別人成功的「結論」，無法使你成功。

你只能憑感覺摸索自己現在正在做的事，找出勝利機會，這樣才有出路。無法繼續努力只是因為你還沒看到希望之光。看不到希望之光，使你誤以為轉換跑道就能夠看到光。

能因小成果而喜悅的人，獲勝機率更高

當你遇到了這樣的瓶頸時，請對自己的小小成果更有信心，為自己的進步而開心。

即使那樣的成果在別人眼裡看來「沒什麼了不起」，但成果就是成果。例如：網站的頁面瀏覽量（Page View）比昨天多了一頁、昨天還不會用的功能今天會用了……光是這樣也很值得高興，這就是希望之光。

無法樂在其中，就無法獲得成功。我也曾埋頭默默苦幹過，你問我那些過程不難受嗎？其實我反而覺得很愉快。就像現在寫這本書也是，我非常享受寫書的過程。我認為**沒有任何成功法則，能夠勝過「樂在其中」**。

另外，即使你現在正在做的事在他人眼中多麼過時、不值得一提，只要你覺得自己做得很愉快，就能夠讓它在現代復活，重新受到矚目。讓過時的事物在現代復活，也不失為一種成功的方法。請務必對自己更有自信一點。

此時最重要的就是你的視線角度。

視線不能向下，但太高也不好。太過樂觀的話，沒有結果時你會大失所望；即使最後的發展符合預期，你仍會感到失望。

最理想的視線角度是，朝著斜上方二十至三十度角仰望，同時讓視線以四十五至六十度角俯視地面。以上方為目標，根據實際的成績往上修正你的視線角度。

這麼一來，你就能夠大幅提高對成功的信心。

斜上方三十度角看到的光或許很微弱，但是有光射進來就表示那個方向確實存在著希望，此時你就可以朝著光的方向努力前進。

我在前面也說過，那股發自內心的確信，來自不斷累積的小小成功；如果沒有前期的兢兢業業，自然不可能看到光。

有時我也會懷疑自己「我是不是搞錯了？」但即使這樣也無妨。確信和不安在一天之內不停地反覆著，這樣的心理狀態才是成功最真實的形象。微光會慢慢增強，最後在前方等待著你的，就是只屬於你的成功。

「無法直接增加財富」卻很重要的行動

致富心法

27

有愈多時間思考的人，愈有可能持續賺錢

想要成為真正的有錢人，可以採取兩種行動：「可以直接增加財富的行動」、「無法直接增加財富卻很重要的行動」。

前面我一直在談的都是「可以直接增加財富的行動」。

接下來我將針對另一項「無法直接增加財富卻很重要的行動」舉幾個例子說明。

首先是思考的時間。我在日常生活中總是在思考，例如：因為新冠肺炎疫情影響而發生經營危機的公司有哪些？有沒有業績反而逆勢上揚的公司？金融機構損失慘重嗎？假如他們損失慘重會發生什麼嚴重問題？日本政府做了哪些限制？中東糾紛如何發展？我持有的不動產價格是否會下跌？杜拜世界博覽會延期造成的影響是好是壞？有機會發展在家遠距工作嗎？像這樣沒完沒了，不斷地回答腦子裡接二連三拋出來的問題。

經常自問自答，對世界常保好奇

有時候這樣一直自問自答，最後不見得會得到明確的答案。但我仍然持續思考。上廁所時、搭計程車時、用餐時，即使是看電視的時候也一直在思考。我對自己提出疑問，並針對該問題回答；因為回答沒有期限，有時在答案想出來之前也會中斷思考。偶爾也會從突然看到的新聞或社群網站發文，找到有助於自己找到答案的提示。

我想這是因為我時時打開天線吧。在平日的生活中，我就是不斷地對自己提出疑問，同時找尋著答案。

的確，問自己再多沒有結論的問題，錢也不會增加。但正因為我經常在日常生活中這樣自問自答，所以面臨決策時，我總是能夠一針見血、明確地做出決定，並且順利執行。

另一個與思考時間有關的就是：**「故意不賺錢」的時間也很重要。**

開始賺錢之後，你是否會覺得沒賺錢的時期是低潮期？像是「昨天賺了多少錢，今天卻完全沒賺錢」。但是，這裡也有需要注意的地方。

我絕不是在說能夠持續賺錢就是好事，我想表達的其實是：**當你愈想一直賺錢時，反而愈無法持續賺錢。因此，如果你想要持續賺錢，請安排一段時間「故意不賺錢」。這樣做，你思考的時間就可以增加。當你思考的時間愈多，就愈有可能持續賺錢。**

沒必要一味地追趕新事物

想要賺錢時，你的視線總是會看向新事物。但這也是陷阱之一，請務必小心。

這世上，新術語接二連三不斷地出現又消失。例如：區塊鏈（Block Chain）、人工智慧、5G行動通訊、數位轉型（Digital Transformation）……這些關鍵字之中，的確有些東西已經成為社會潮流，但問題在於這些東西是否真的改變了世界。「區塊鏈」這個詞最流行的時候是二〇一七年左右，三年過去了，世界並沒有因為區塊鏈技術而有了不同的樣子。也就是說，人們往往操之過急，去接觸那些號稱「世界最先進」、「前所未有」的商品或公司，白白浪費寶貴的時間和金錢。但那些新技術厲害歸厲害，是否真的有用還不知道。

結論就是，**沒必要為了賺錢而進入世界最先進的領域。若問我要如何選擇，我認為最重要的是先攻克早就已經存在、無可動搖的領域。**

舉例來說，最近出現一種機器人顧問。所謂機器人顧問，一言以蔽之就是利用全自動的AI代替客戶投資的服務。也有提供投資建議的機器人顧問。

現今媒體大肆報導機器人顧問，極力推薦投資新手採用，但我對此完全沒有好評。

舉個例子：東京電視台的晨間財經節目《早安衛星新聞》中，曾經用機器人顧問預測當天日經平均股價範圍。但就我所見，它們的預測不是很準。一般人以為無所不能的AI機器人，在現實生活中也不過爾爾。看樣子人工智慧的發展還需要很多時間。

機器人顧問雖然能夠學習並善用大數據（大量統計），但它們目前的用途只能提供符合常識的提議。也就是說，它們雖然不會發生重大失敗，但也不會真的幫你賺到錢。當然，新手要投資股票的話，交給成功率在平均值範圍內的機器人顧問幫忙，或許比較保險。但正如我前面提過的，沒有親自體驗過投資的話，就無法讓自己的技術進步。因此在我看來，靠機器人顧問幫忙投資毫無價值。

我好奇的反而是機器人顧問的交易紀錄。我想知道AI自行交易的股票當中，有哪些股票股價上漲、獲利多少、哪支股票賠了多少。只要看過這些紀錄，我也能夠學到東西。就當作是為了即將到來的AI共存時代做準備，我想拿十萬日圓（約新台幣兩萬七千元）讓機器人顧問代操作看看，順便研究它們是如何交易的。結論是，人工智慧畢竟也是人類在操控的東西。從現在開始，慢慢找到與人工智慧和平共處的方法很重要。

成功者不吝惜為將來播種的努力

致富心法 28

窮人總是懶得做準備

前一節我提到增加財富的行動可分為兩種。多數人都是臨時起意而創業，或是像無頭蒼蠅般經營，或者看了財經新聞就去買股票，只採取可以直接增加財富的行動。

但是，不能直接增加財富的研究類行動，反而能在事後為你帶來更大的回饋。

關於這一點，只要你看過 Google 和亞馬遜的研究開發費規模，就能秒懂。研究開發費不會直接產生利潤，卻是催生新一代技術和商品不可或缺的投資。等到那些投資一個接著一個回收，就能夠替公司創造優勢。

關於研究開發費，Google 投入了二・四兆日圓（約新台幣六千五百億元），亞馬遜則是三・二兆日圓（約新台幣八千六百億元）。這是比日立製作所等日本大型企業高出近十倍的金額。全球企業都想要的ＡＩ研究人才，據說 Google 就擁有超過七百位。

從這層意義上來說，投資十萬日圓在機器人顧問身上，檢查它的股票買賣紀錄，這個行為雖然不會立刻生出錢來，但我想能夠在將來為我帶來財富。我可以從它們買賣股票的行動邏輯學到東西，並成為自己將來投資時的提示。

所謂的有錢人總是像這樣，整天都致力在不會直接變成錢的行動、為將來播種的行動。但一般民眾看不到這部分，所以才會覺得不可思議，心想：「那個人為何能辦到那種事？」殊不知成功者總是在背地裡不斷地持續探究。

別。

簡單來說，成功者一直在做準備，這些日常的準備無疑就是有錢人與其他人的差別。

打造「直覺↓執行↓反省」的自動循環

一般認為，即使得到一定的成果，想持續獲得成果還是非常困難。但只要你做到我接下來提到的心理準備，持續獲得成果並不難。

首先，當收入增加，你必須為收入可能減少而更加兢兢業業。即使你擁有人氣商品或內容，也要將這種成功當成偶然的僥倖。這樣的心態就是我在本章開頭提過的「別相信你賺到的錢」。

話雖如此，你賺的錢增加的確是事實，所以你必須思考如何讓下一個商品也能賺錢。有沒有比自己賣得更好的商品？有沒有能夠讓顧客更開心的東西？有沒有使利潤進一步增加的方法？即使縮短睡眠的時間，你也應該忘我地研究這些問題；在這個階段，貪心是重要關鍵。只要你能夠樂在其中，就能夠順利地執行。

找對商品之後，接下來請加倍努力。

只要看到前方有光，就必須一股腦地跟著光繼續前進，直到脫離黑暗來到地面上。要帶著「唯有這條路能救我」的心情努力不懈。

假如下一個商品失敗，就要不停地思考有哪裡不足，是展示方式或文案寫法不好嗎？或是顧客覺得不夠稀有、不夠划算？像這樣反覆檢討之後，你就會明白「這個東西會熱賣、那個不會賣」，漸漸地掌握到賺錢的訣竅。

等到你抓到「順利」與「不順利」的手感，就會開始打從心底覺得有趣。

等走到這一關，你就不會再去思考「要怎樣才能夠繼續做出成果？」因為你已經沉迷其中，再也不去羨慕別人的成就，「好麻煩」、「好累」的負面思考也會消失。由此可知，懂得引導內心，使其發揮作用也很重要。

在這個過程中你要做的，只有直覺、執行、反省這三件事。

「直覺」比計畫更重要

直到十年為止，大家還很重視「PDCA」這個詞。這也是豐田汽車等諸多企業採用的自我管理方法。P是計畫（Plan），D是執行（Do），C是確認（Check），A是改善（Action）。

但我認為最重要的是，把P所代表的計畫換成「直覺、靈感」。總之就是決策要快，一想到就立刻進行，我自己也是這樣做。因為我早就料到單獨行動更容易成功，所以我靠「直覺、靈感」充分發揮單獨行動的優勢。如果是企業內部的一分子，就不可能全靠「直覺」行動了。

靠直覺行動之後，不需要想得太複雜，再來只要「反省」就好。搭配數據資料，好好反省自己採取的行動結果如何。這是最重要的部分。

多數人重視「計畫」，但計畫其實可有可無。你只要記住，想成為有錢人不需要計畫。因為你再怎麼計畫，事情也不會按照計畫發展，只是浪費時間罷了。

靠直覺行動、反省之後，接著只要按照我前面提過的理論，找到如何改善問題的行動。在這階段也不必想得太複雜，反省之後若有什麼發現，你會知道自己接下來應該怎麼做。接著，如果你又有了什麼新發現或新點子，自然就會很想要嘗試。憑著那股衝動去行動就對了。等到直覺、執行、反省能夠成為一個自動循環，勝利就離你不遠了。

第 5 章

✴

讓錢愛你的生活方式

年收三千萬日圓不算有錢人

致富心法

29

真正的有錢人是房東、股東

這世上有一種有錢人，他們的成功不是一般人所能想像。

我搬到國外生活之後，曾經親眼看到有人用自己的錢買下一整層要價幾十億日圓的豪宅。十億、二十億、三十億日圓的鉅款，他們根據經驗、憑著直覺，眼睛眨也不眨就投資下去。

在他們這種淨資產超過幾百億的超級有錢人看來，年收入屬於流動收入，不管是一千萬日圓或三千萬日圓其實沒有太大差別，因為差額都在誤差範圍內。

我用前面提過的「杯子裡的水」打比方，來談談這些超越一般水準的成功人士吧。

杯子裡裝滿的水是淨資產，而有錢人只取從杯子溢出來的水使用，但光是這樣，它們就能夠過著十分富裕的生活。

因為成為終極富豪之後，就連溢出杯子的水，都是非常龐大的量。

日本酒有一種喝法，就是把杯子放在小木盒裡，再把酒滿滿注入杯中。這種喝法稱為「盛切」。溢出杯子的酒會裝滿小木盒，杯裡的酒更是滿到因為表面張力而隆起。

頂級的富裕階級就是，不管再怎麼喝小木盒裡從酒杯溢出的酒，也無法喝完。感覺有人不停地往酒杯裡倒酒那樣。

因為倒酒的速度愈來愈快，酒也不斷地從小木盒溢出。此時就要把酒杯和小木盒換成較大的尺寸。

這正是讓財富循環擴大的「雪球效應」最佳的範例。

距今約十五年前，那時我還不滿二十五歲，曾有一位公司甫上市的創業家告訴我：「年收入三千萬日圓算是窮人。」

我當時的年收入是兩千萬日圓，而且自認是成功人士。

因此我對那位經營者有些反感。但等我搬到國外生活，見識到超富裕階層的生活方式後，才終於理解他那句話的意思。

我在海外一開始的據點是新加坡，當時住在月租兩百萬日圓（約新台幣五十四萬元）的房子。

我那時的月收入大約是一千萬日圓（約新台幣兩百七十萬元），要支付兩百萬日圓的房租很吃力。新加坡的所得稅稅率是二〇％，所以扣稅後的收入大約是八百萬日圓。其中的兩百萬日圓要用來付房租，也就是說我一個月中有一週的時間全是為了賺房租而工作。

光是呼吸，我的兩百萬就飛了。而且，流動所得一旦停止就沒戲唱了。當時的我與大多數的各位一樣，以為「水會源源不絕地流進來」。但事實上水很容易停止流動。

一旦水停止流動，流動所得減少到剩下五百萬日圓，再從中扣掉二〇%的稅，就只剩四百萬日圓了。在水流變小的情況下還要支付兩百萬日圓的房租，等於我人生的一半都是為了繳房租而活。我突然產生這樣的疑問：「真正的有錢人會這樣嗎？」

房東、股東才是「真正賺錢」的人

我經常在想，這世上「真正賺錢的是誰」？

從前面的例子可以看出，「真正賺錢」的是收我房租的房東。我減少睡眠時間拚命地工作，錢卻一分不少地落入在自家豪宅悠閒生活的房東口袋。關於這個物件，雖然它是位於新加坡的不動產，但我匯入房租的收款帳戶卻是英屬維京群島（ＢＶＩ）的法人帳戶。後來我才知道這位房東透過設在避稅天堂的公司，管理名下的各項資產。有錢人到底都在做什麼呢？——我的疑問愈來愈深了。

為了繳房租給他，我辛勤地工作，所以我等於是他的小廝或員工。

可以確定的是，房租就是把財富轉移給房東的設計。股利則是讓擁有股票的人變有錢的設計。

我開始好奇自己過去匯給這些房東的房租總金額到底有多少。感覺一直付房租給別人好蠢，於是我決定把自己也變成房東。

這世上絕大多數人都是承租屋子的房客，擁有不動產的房東相對來說人數很少。我之所以會有當房東的念頭是因為，**我相信必須成為出租房子的房東、擁有股票的股東，才能晉身真正的有錢人。**我在世界各地購入約四十五億日圓（約新台幣十二億元）的不動產、持有相當於二十億日圓（約新台幣五億四千萬元）的股票、公司債、保險、基金等，就是基於這個理由。

擺脫人際關係的束縛

本書開頭也提過，我過去曾經有一段紙醉金迷的日子。說得詳細一點，我在日本那段日子總是被不安追趕、總是在逃避。那時的我在經營公司，月底經常要煩惱資金調度，壓力使得我經常胃痛。因為雇用不少正職員工；為了維持組織的運作，我必須和各式各樣的人打交道。再加上「秒賺一億日圓的男人」的稱號，使我格外受人矚目。然而，我卻愈來愈不懂幸福是什麼？自己為了什麼賺錢？自己的未來將會變得如何？

日常生活中總有可疑人士帶著各種誘惑找上我。人際關係充滿了各種利害、義務、上下關係、猜忌、金錢借貸，這些全都是「束縛」。即使你不喜歡對方，不知道對方能否信任，也必須維持表面的往來，而我也一直以為這就是大人的人際關係。另一方面，我也認為只要彼此有交情，往後萬一有難就能向他們求助。也就是說，過去的我有一段時期也很依賴別人。

但我現在的想法是，這些我隨意拓展的人際束縛，反而困得自己動彈不得，十分痛苦。最後，我在日本幾乎失去了所有資產，當時出面幫我一把的人卻連一個也沒有，不僅如此，那些人反而落井下石，想要從我身上搶走更多東西。直到那時我才終於幡然醒悟：**一直以來，我努力經營、以為將來能成為自己財富的人脈，其實是不切實際的東西。**

所以我離開日本移居國外後，最先切斷的，就是這類人際關係。

＊人際關係也要設停損

致富心法 30

這世上主動接近你的人，都不是為了讓你賺錢

過去與我有關係的人當中，只有極少數人對現在的我來說絕對不可或缺，當中包括我的妻子，但其他絕大多數都是完全沒必要往來的人。但是，在我清理掉這些人際關係之前，我一直誤以為跟那些人往來能夠得到好處。他們有些人以豪奢的陣仗招待我，也有人給我特權。事實上這些也沒什麼大不了，不過只是些「一時爽」的好處罷了，並不會為我往後長遠的富裕人生帶來任何貢獻。這種人際關係所帶來的風險，反而遠超過短暫的歡愉。

比方說，跟有壞習慣的人來往，你一定也會染上那種習慣。不管你對自己的定力再有信心，就我的經驗來說，一定還是會受到影響，毫無例外。

假如你身邊有很多人愛喝酒，你也會每晚喝酒。假如你身邊有很多人愛賭博，你也會沉溺於賭博。假如你身邊有人嗑藥，不管你的防備再嚴，到最後也會不再排斥。因此，無論基於何種理由，你都不該與擁有這類惡習的人扯上關係。哪怕對方再有魅力也不行；就算他是多金型男、位高權重的大咖、當紅明星也不可以。你必須徹底拒絕與對方扯上關係。

當素未謀面的陌生人突然主動接近你，你一定要經常思考對方的目的是什麼。**請記住，這世上主動靠近你的人，都不是為了給你好處。即使他們嘴上說得再好聽，但他們**

接近你就是為了自身的利益。只要你牢記這個理所當然的道理，就會大幅降低被當成肥羊的機率。

另外一種類似的情形是，網路上有很多廣告簡訊煽動你對未來的不安、表示可以幫助你，這些也是準備把你當肥羊宰的陷阱。簡訊中是不是列了許多對你有好處的優惠條件呢？記住，在這場交易中唯一受惠的，就是賣東西給你的人。

要切斷從以前到現在的人生束縛，最好的做法就是像我這樣，離開日本去國外，徹底換個環境。倘若你因為諸多因素無法立刻換環境，那就先換掉聯絡方式，像是重新申請 LINE 帳號之類的，讓那些束縛聯絡不上你。

再苦，也不要自我放棄

我在日本時，經常在東京鬧區喝酒。我不否認其中有自暴自棄的成分在；不是因為迷上哪個女人，只是不想面對那些令人心寒的現實。我不在乎膚淺的關係，只要能夠讓我忘記討厭的現實就好。但是，這種自暴自棄的生活方式，只會讓財富遠離我。

自暴自棄就是一種怎樣都好、變成怎樣都無所謂的自我放棄心態。但自暴自棄是一種會讓金錢遠離你的糟糕態度。

那種態度就是：我想喝醉忘記一切，我覺得早起很痛苦只想永遠躲在被窩裡，我再也不想面對現實了。人到了這種狀態，我想已經瀕臨精神崩潰了。實際上真的有人因此而尋死。

但是，請你仔細想想。自暴自棄之後，你接下來要面對的是，自暴自棄所帶來的更嚴重的連鎖效應。

我也有過這種經驗。我用暴飲暴食來消除經營公司的壓力；大吃大喝的時候，的確覺得壓力不見了。然而，接下來我要面對的是更加嚴重的不安與失落感、逐漸變胖的自己，以及完全沒有解決的經營問題。這些問題在我逃避現實時變得更加惡化，讓我完全無力去面對。

那時，我唯一能做的就是，不要繼續自暴自棄。已經發生的事情我也無能為力，所以我先找出自己現在能做的事，即使再小的事也無妨。用這種方式站穩腳步重新面對問題，情況就會逐漸好轉。然後，不管現在再怎麼低潮，你一定能夠再次感受到幸福。雖然一開始需要忍耐，但為了避免自己陷入無可挽回的地步，無論如何都不要放棄。

事實上，一個人的幸福與你現在是否處於絕佳狀態無關。就算你現在很窮、很悽慘，只要對未來仍懷抱希望、有積極進取的念頭，就能感到幸福。相反地，即使你現在再有錢再成功，如果對未來只有失望，就不會覺得幸福。

我曾有過兩次人生低潮期，但每一次我都很努力地思考解決的方法，永遠懷抱希望，試圖打破逆境。只要有一點點成果，我就會雀躍萬分；妻子在我們住小套房時親手為我做的菜，令我深深感動。終於找到方法解決欠國稅局的滯納金時，我開心到跳起來；不過是財產從負值變成零而已，就讓我高興到手舞足蹈。

也就是說，一個人無論身處什麼狀態，只要不放棄希望、不逃避問題、果敢地挑戰，就能感到幸福，實際體會到活著的充實感。從這個角度來看，只要你能對自己所做的事情樂在其中，即使不是有錢人，也能夠感受到喜悅、感動、希望，這樣就已經算是一位成功者了。

我想說的是，「天堂和地獄就在你一念之間」。以積極上進的態度，時常懷抱希望和期待，就能克服所有困境。

懂得知足，才不會掉進「追逐獲利的陷阱」

根據我過去累積的諸多經驗，我可以告訴你，要讓金錢喜歡你，最重要的就是徹底降低自己的滿足標準。

舉例來說，現在有一位投資客持有未實現利益一億日圓的股票。這支股票預估後續看漲。考量到該公司的動向、業績和市場的反應，這位投資客評估這支股票可以有兩億日圓的獲利。沒想到該公司受到這次新冠肺炎疫情的衝擊，基本面的優勢支撐不住，股價應聲下跌。這位投資客因為貪圖一定要撈到兩億日圓的獲利，一個反應不及，一億日圓的未實現利益也沒了，還多賠了一億日圓才停損。他忘了知足，變得過於貪心，結果不只損失了一億日圓的獲利，還倒賠一億日圓。

另外，我們也來看看這種例子：

假設你經營一家美味且生意興隆的餐廳。大型購物中心紛紛主動邀請你進駐開店，只要去開店就有獲利。等到你的店舖拓展到一百家、兩百家門市，你開始想，繼續向國外展店的話，就有機會開到一千家、兩千家門市。因為你太想賺更多錢，目前的門市數量所產生的獲利已經無法滿足你。

問題是，你忘了最重要的一點：再好吃的餐廳，缺乏深思熟慮，在短時間內迅速展店的話，市場跟不上展店的速度，終將導致你的財務狀況惡化、負債變重。在這樣的情況下，倘若顧客已經膩了，原本運轉順利的齒輪就會慢慢開始逆轉。

到了這個地步，原先賺進來的利潤就會消失無蹤，造成虧損；事到如今即使你把門市一家家收掉，還是止不住錢繼續出走。最後當你看到大火燒盡、一片荒蕪的慘狀時，應該會這麼想：

假如我那時候懂得知足就好了……

「更多、更好」的貪婪心態使人墮落

這些例子在在顯示，因為不知足而引發的災難也有可能在你身上發生。日常生活中經常可看到，因為太過貪心，最後反而連原本擁有的一切也失去，變得更加悽慘。

我能夠想到不少例子佐證。例如：

因為想要更美、更年輕的妻子而外遇，結果失去所有重要的家人，就連原本打算與外遇對象展開的全新幸福人生，最後也以失敗告終。

有人以為自己只要換家公司就會獲得賞識，和現在的公司鬧到撕破臉辭職，結果剛跳槽的公司卻倒閉了，反倒是原本的公司成功上市，前景看好。

想要更大的房子、更漂亮的交往對象、更多的人脈……「更多、更好」的欲望沒有極限。儘管已經擁有相當程度的成功，卻仍不知滿足，一心只想追求更多更好，貪婪的人性成為拉著你往下墮落的引力。

這是我經歷過巨大的痛苦之後才懂的事。希望你也能夠學會知足，所謂的「知足」就是知道滿足，知道感謝現在所擁有的一切。請降低你的滿足標準；不管吃任何東西，置身任何環境，都要懂得心懷感謝，這一點非常重要。

小額收入、小額支出最需要留意

再介紹一個我自身失敗的例子。那是太過輕視小錢所導致的失敗。

假設你現在每年有三百萬日圓（約新台幣八十一萬元）的可處分所得。你手上有三百萬可以自由使用，也認為自己已經大幅削減了無謂的支出。於是，為了消除壓力，你定期血拼，買了許多不需要的東西，還訂閱了幾乎沒在使用的每月固定扣款服務。每一筆大約都是幾千、幾萬日圓左右的消費，所以你也不放在心上。

可是，如果你把以前到現在所有這類小額支出的金額全部加總起來，總金額一定會讓你嚇到說不出話來。

正因為每月扣款不是太大的金額，所以你不覺得肉痛，也就很容易漏財。但寥寥幾千、幾萬日圓累積下來，也是一筆足以參戰的龐大軍費。

實際上，我在日本經營服飾公司時，就因為覺得顧客可能希望品項愈多愈好，所以毫無節制地採購，導致賣不掉的衣服堆積如山。採購是非常愉快的工作。新衣服會打上標籤，裝進袋子裡，整整齊齊地送進倉庫。看見商品堆滿到天花板，我就覺得雀躍不已。

我瘋狂迷上這種採購的喜悅；翻閱廠商的型錄訂貨是我做得最起勁的工作。一開始還會因為預算有限，而去認真評估商品好不好賣，再三審慎考慮；等商品採購進來以後，也會詳細追蹤數量、賣掉的速度……但是，等生意大到可以融資之後，隨著資金循環變好，下訂時反而變得較為隨便。

就連原本很重視的訂單預測和結果驗證，後來也懶得執行；一件衣服用幾千日圓的價位採購也不在意。在每月營收破億之後，幾千日圓感覺上變得可有可無。向上游廠商訂貨的各尺寸、各顏色的欄位上，全都填入隨意想到的數字，比方各訂個十件之類的，公司的庫存逐漸堆成一座小山。

儘管如此，只要有商品熱賣，公司就能夠經營下去。但那堆賣剩的商品裡，有許多怎樣都賣不掉的東西，完全成了「滯銷貨」。這些滯銷貨最後會用低於進貨價的價格塞進福袋裡出清，藉此停損；後來計算這些特別損失時，我才驚覺總金額有多麼龐大。這些小錢累積下來，足以抵銷我至今努力賺到的所有利潤。從這個經驗我學到一件很重要的事：**小額支出最可怕。**

所有「大錢」都來自「小錢」的累積

各位或許覺得這是理所當然的道理。但一個人粗心大意的地方，經常會成為這個人最大的弱點。即使你擁有三百萬日圓可以自由花用的錢，也必須謹慎看待幾百、幾千日圓的小額支出。這樣你才能更快存到更多資金。

除了小額支出，小額收入也一樣。當你能夠賺進幾百萬、幾千萬日圓，你就會開始看不起幾千、幾萬日圓的小錢。但是，我回顧自身的經驗，發現在建立現有淨資產的過程中，對獲利貢獻最大的，顯然就是多年來一點一滴累積的收入。

即使那些錢換算成每日收入，不是什麼值得一提的金額，但累積個一年、兩年、三年，也會帶來很大的影響。最後你會明白，自己的成功就是這些過往的小獲利長期累積所致。

因此，我很珍惜出租房子的收入。前幾天我剛收到「杜拜山莊」這個物件一年份的房租；我從各個角度細細品味、發自內心感謝這筆收入。這筆錢大約六百萬日圓（約新台幣一百七十萬元）。我過去投資時曾有過短期內上億日圓輕鬆入袋的獲利經驗；跟幾億日圓的金額相比，六百萬確實不足為奇；換算成月收入的話，不過是五十萬日圓（約新台幣十四萬元）而已。

但我對這樣的小額收入同樣由衷珍惜，不敢看輕；因為我曾有過前面提到的服飾公司失敗經驗，切身體會到看不起小額收入和小額支出，下場會有多悲慘。因此我才會希望各位多加留意小額收入和小額支出。

自己擅長的領域更不該「大意」

人經常在自己擅長的領域失手。前面我提過，**粗心大意會變成一個人最大的弱點，之所以會粗心大意，通常是因為你覺得情況應付得來。這種游刃有餘的態度會出現在你**

熟悉的活動，或對自己充滿自信的時候。然而，人往往在自己擅長的領域更容易犯下大錯。

舉例來說，因為上電視而大紅大紫的藝人，就容易因為跟電視有關的醜聞而失去一切。因為偏激的言行受到矚目的網紅，就容易因為偏激的發言引來批判，失去可信度。另外，靠著號稱「高度安全」的虛擬貨幣累積財富的專業人士，也發生過把加密私鑰放在安全係數低的雲端，因而被偷的例子。還有靠股票作多賺錢的天才投機客，最後也會因為股票作多而破產。

由此可知，人們一旦在自己太習慣的領域就容易粗心大意，這樣的例子屢見不鮮。你是否只顧著把眼光放長放遠，卻沒注意到親信的心已經遠離？你是否只顧著開發新客源，卻因此累積了太多老顧客的抱怨？

金錢喜歡的人，是對自己日常生活中的一舉一動謹慎小心的人。珍惜自己所在的位置，時時抱持著緊張感認真做事。當你認為「不要緊」、「游刃有餘」、「這個我最在行」的時候，你就會遇上最大的威脅。

相反地，只要你能夠時刻注意自己的狀態，你就能夠一直握有優勢。即使是你再擅長的領域，即使你已經闖出了一番成果，仍要時時戒慎恐懼，千萬不可以鬆懈。

接納世界的不完美，你將更輕鬆

金錢喜歡的人還有一個特徵，就是「不違背潮流」。我常說：「不要過度審時度勢。」人的確需要有自己的理念，有時不去在意外界的雜音，才能有所突破。雖說如此，「不去在意外界的聲音」還是有程度上的差別，而且會依狀況而不同。

各位可以想想叛逆期的孩子。青春期的孩子都會反抗父母；我十幾歲時也總認為自己所想的一切都是對的，父母說的話都很落伍。但是，我反抗之後的下場，就是遭到逮捕拘提。在獄中我突然有感，覺得「爸媽說得沒錯」。此時我才發現，之前爸媽對我的糾正都是對的，並對自己的愚蠢感到錯愕。

正因為如此，來自社會大眾的批評和責備之中，自然也有正確的意見。我們對這類批判不能一概無視。我自己也經常挨罵，所以深有所感；我認為這類批判中，也許藏有能讓自己變得更好的提示。因此，我現在仍然經常看網上別人對我的批評，只要我認為自己真的有錯，就會改正。

當然，人生中很難時時刻刻注意到自己犯了錯。更多時候，我們總在認錯之前就先急著反駁；往往要嘗到錯誤帶來的慘痛教訓，才能終於覺醒。但是，正因為錯誤難以察覺，所以我才要說，別過度反抗這個世界的潮流，才是明智之舉。改掉凡事愛反駁、隨時愛反抗的習慣很重要。一發現自己的想法有誤，最好立刻道歉；硬要堅持己見的話，有時反而會讓你陷入非常不利的狀況。

在此容我稍微離題一下，看到許多人對政府的主政者、企業領導人不分青紅皂白地大肆批判時，我往往覺得非常擔憂。這些人當中，有的人會激烈批評時事：「政府的政策太失敗、判斷錯誤！」「這個責任該由誰負責？」有的人一覺得自己受到權力壓迫或遭到企業不合理的對待時，就在網路上大肆抨擊。他們的動機可能是為了排憂洩忿，但也有可能是扭曲變形的憤怒。於是這個世界變得愈來愈混亂，每個人都在互相監視，等著抓住別人的小辮子；人人都把自己所做的一切正當化，不提自己的錯，只顧著撻伐別人的過失。

重點是，完美的人並不存在。所以我們應該提高對他人的寬容程度，相信人性本善。只有這樣，你才能真正放過自己。

堅信只有自己最正確，不斷地與人爭論，堅持不認錯，這種態度我一概稱之為「反抗」。因為反抗而痛苦的人，其實不就是當事人自己嗎？只要停止反抗，坦然接納，你的生活將過得比較輕鬆。

停止反抗，人生就會好轉

事實上，我在日本的時候也經常反抗。有一段時期，我自認絕對不會有錯，老是擺出一副「無法理解我是你有問題」的傲慢態度，非常堅持自我。不管面對有交情或沒交情的人都是如此。

我對周遭總是感到憤怒失望，經常大罵：「日本是個爛國家！」「那個女人不懂我！」「為什麼大家會認同這種不合理的事情呢？」我也總是在反抗他人：「要你管！」「你閉嘴！」「少在那邊對我指指點點！」結果，最後吃虧的人就是我自己。正因為痛過，我才終於有所覺悟。

我沒有必要反抗這個世界，應該尊重世界的潮流，順著潮流走。

奇妙的是，自從我停止反抗之後，我的人生就此開始好轉。自此以後，無論是事業或私生活，都不再有壞事發生，總是好運連連。

在此我想說的是，就某個意義上來說，「虛無感」很重要。現在的我有很大的成分是「無」。本來無一物，何處惹塵埃。

這世上的確有很多奇人異事。有很多不遵守約定的人，會背叛他人的人也不少，但這就是我們所生活的真實世界。我明白了這個世界永遠不可能完美。這個不完美、不合理、不公平的世界，待起來卻很舒適。

想要在這個不完美的世界裡舒適地生活，最重要的就是別反抗，別忤逆世界潮流，順著潮流前進即可。

儘管這次的新冠肺炎疫情衝擊，造成世界各國紛紛封鎖邊境，不過這樣也很好。我現有的不動產和股票或許價格會下跌，股利和房租收入或許會減少，但這樣也很好。政府要求民眾少出門，大家就乖乖待在家裡，這樣也很好。可以趁此機會好好睡一覺，或大量閱讀平常沒空看的書。

這本書正是在新冠肺炎的疫情下誕生。由於我是靠著個人事業賺錢，原本只能趁工作的空檔寫書，但疫情給了我專心書寫的時間，最後我花了不少心力寫出這本書。我想這一切大概就是所謂的「命中注定」吧。

當然我也經常上網，知道有些事業主因為疫情的影響，生意泡湯而心力交瘁。他們的心情我很懂，可是追究責任、抱怨國家或喟嘆現狀，都沒有意義，即使這麼做事情也不會有所改變，不是嗎？那些抗議只會製造無謂的壓力，扭曲你心靈的平靜。

你的事業可能會因此完蛋吧，這種時候只要重新來過就好。

我想，每個人至少都會經歷過一次貧困的生活，差別只是早晚問題。那是一條必經之路。回顧全球知名富豪的過往，那些成功人士一定都曾有過為錢所苦、缺錢的時期，只是有的人選擇不說出來罷了。

因為有過缺錢的經驗，才會注意到金錢的重要，才能看穿事物的本質，掌握成功的關鍵。因此，**人生前半段不用為錢而煩惱的人，到了人生後半段就會為錢所苦；人生前半段為錢奔波的人，到了人生後半段通常就不會再為錢而煩惱。**

假如你不曾嘗過貧窮的滋味，這次的新冠肺炎疫情，就是你體驗貧窮的大好機會。無論如何都必須經歷過一次的話，還是盡早體驗比較好。要當螞蟻還是蟋蟀的選擇題，你的答案應該都要選螞蟻。

從這個角度來說，與其反抗現況，尊重自己眼前的狀況、思考在目前這種情況下自己能做什麼，我認為更有意義。

刻意遠離社群網站

如今，我完全沒有過去的束縛與人脈。如同前面提過的，不管對方是多麼有魅力的人，只要對方有壞習慣，你就不應該與對方聯絡。這是為了預防惡習衍生的問題。

即使對方是不會帶來金錢相關的麻煩問題、清爽乾淨的女生，倘若她一開口就是無聊話題，只會打斷我的專注，我就會在社群網站、LINE 或 Messenger 全面封鎖對方。我原本就不是喜歡與人閒聊的人。

我一個人管理自己的所有生意，所以一般的無聊對話不能帶給我任何益處。我不知道她們對我有何期待，以結果來說，我也無法回應她們的需求，這樣的往來對彼此來說都只是浪費時間罷了。我不會在這種時候心生邪念，只挑長相可愛的女生回訊息。因為這麼做的話，總有一天我可能會栽在真正的仙人跳。

另外，可愛不可愛這種一般大眾的評價，我最近也覺得很無感。我不會因為對方可愛就喜歡她；唯有當對方是我喜歡的女性時，我才會覺得她可愛。

話說回來，男人無法抗拒美女、可愛的女生、性感的女人，正因如此，喜好女色容易成為他們的弱點。以前我認識的女性，曾經自豪地拿男人與她們聯絡的 LINE 對話給我看。我一問之下才知道他們是炮友。那些男炮友的身分令我錯愕，全都是我沒私交的上市企業創辦人；而那些 LINE 的對話內容包括了令人臉紅的對話，以及不宜外流的裸照。看到那些 LINE 對話時，我心想：「沒想到女人這種生物真的守不住祕密呢。連眼前這個看起來值得信賴的女人都會這麼做，想必幾乎所有女人都會把這種私事洩漏給身邊的人吧。而那些消息就這樣兜兜轉轉到處流傳開來。假如我的對話也被這樣公開分享給其他人，我應該很快就會被搞垮。」

正因為我有過這樣的經驗，所以即使對方是女性，我也不會隨便跟她聯絡，或是說出不該說的多餘廢話。

假如你希望成功能夠穩定長久，就必須把存有不安因素的朋友從人生中徹底排除；即使不安因素只有一點點也不行，就算被他人說你冷酷無情也無所謂。因為我從過往的經驗中了解到，想要守護人生遠離不測風雲，就是這麼難的一件事。意想不到的陷阱就藏在膚淺的人際關係之中。

從這層意義上來說，比起留在人人都認識我的日本，我寧可待在沒人認識我的國外。或許大家都認為我住在國外是為了節稅；但除了節稅的好處之外，坦白說是因為我不想捲入與人有關的糾紛、被扯後腿，我只想安安靜靜地過日子。

話說回來，我的社群網站收到許多過去認識或不認識的人給我的留言：「希望你借我錢。」「我這裡有很賺錢的投資案。」「希望你幫我引介某某。」「希望你教我這個。」「要不要一起創業。」留下這些訊息全都是魯蛇。腳踏實地在各領域闖出成就的人，才不會發這種訊息給我。

我當然不會回應這些留言，就連閱讀留言都是浪費時間，所以我現在已經變更推特留言和臉書好友申請的設定，並刪除那些人；IG（Instagram）的收件匣更是連一次都沒看過。回應這類訊息對我來說沒有好處，在意、閱讀、拒絕這些透過社群網站發來的訊息，全都只是在浪費腦袋和時間。

社群網站分散專注力的時代早已到來，無法專注會害得你的人生無法進化。這不只是我個人的問題，你也可能流連於社群網站，並過度在乎那些與己無關的人發表的言論或訊息。

網紅發文多半只擷取好的一面，甚至為了確保自身地位和立場，講一些言不由衷的話，誰也無法得知他們真正的想法或確認真偽。也就是說，過度使用社群網站，你就會成為那些網紅表演的一部分，簡直跟肥羊沒有兩樣。

更麻煩的是，那些網路名人的發言總會讓你覺得受益良多。然而，是否真的有益，要看「長期的效果」來判斷。大多時候，網紅們的發言只是他們對短期現象的當下看法。等到三年、五年、十年過後，如果這段話逐漸成為你的思想核心，才能說是真的有益。以前的人不會看到別人的社群網站就採取行動。姑且不論好壞，當時大家都是自己作主。而為了發揮你自身的長處，自己作主是理所當然的條件。**請注意別讓社群網站牽著鼻子走，你才能專注在自己的課題。**

模仿他人的成功，只是東施效顰

關於社群網站，最後還有一件事必須提醒大家。現在是社群網站全盛時期，所以就算你不喜歡，也會看到別人活躍發光的樣子。我想你也會因此而崇拜某個人，覺得那個人有那樣的成就真了不起、我也想要變成那樣……在此，我想奉勸各位最好不要崇拜別人。

舉例來說，假如你是一位經營者，或許會好奇其他公司的年營收和獲利。假如你是部落客，或許會好奇其他部落客的瀏覽人次。假如你是短線交易者，或許會好奇其他投資客的損益。

當你開始崇拜起事業有成的人，就會想要模仿對方。這裡有一個陷阱：**你所模仿的方法或內容，真的是你擅長的東西嗎？**

對方和你是完全不同的人；你因為羨慕他而去接觸不符合你個人理念的東西，結果往往只會失敗。事實上我也曾有過因此而失敗的經驗。我崇拜某位超級交易員的方法，於是模仿他的方法投資，結果不僅沒有獲利還賠錢。那次教訓讓我學到了自己和那位交易員適合的方法不同。經過那次失敗，我開始採用屬於自我風格，符合個人理念，適合自己個性的方法，也因此而成功獲利。

這世上到處都能聽到「○○就是正義」的論調，但正義的定義因人而異；即使對某個人來說是正義，對其他人而言不見得就是，這種情況經常發生。因此我們沒有必要崇拜嚮往別人。每個人都不一樣，有多少人就有多少種成功的方法。

把錢當成孩子，就能學會用錢的方法

我認為不能讓錢暴露在危險之中。錢就像是我們的孩子。借錢或出資給無法信任的對象，就等於把孩子託付給我們一無所知的人一樣，一般人應該不會做這種事吧。

社會新聞上常看到有父母把孩子留在車裡，將車停在小鋼珠店的停車場，導致孩子死亡；也有父母外出時不注意，讓孩子遭到綁架。這兩種父母都無法將孩子好好養大。

同樣地，「錢就是我的孩子」的心態非常重要。你對錢不上心，就會擺出「雖然虧損了，但我不在意」、「賠了錢也是無能為力」的態度，敷衍了事。如果你把錢當成自己的孩子般愛惜，你一定不會說：「孩子丟了就算了。」因為自己的疏忽導致孩子身亡的父母，一輩子都會活在陰影裡。你也必須拿出這種程度的認真態度對待金錢。

常言道：「最疼愛的孩子，更要讓他出去旅行歷練。」真正疼愛孩子的父母不會把孩子綁在身邊嬌生慣養，而是會讓孩子去經歷世間的嚴峻苦難。所以你也必須讓自己的寶貝孩子外出冒險。

讓他養成趁早開始努力的習慣格外重要。原因在於，孩子能否成功，不是看你讓他做什麼，而是看他是否具備努力的習慣。我之所以能夠闖出一番成果，就是因為我自小養成努力的習慣，而不是因為我比別人有才華。

話說回來，我也是因為我的父母親給予我很大的自由，所以失敗過很多次。多虧他們的放手，我才能親身經歷多次失敗並重新東山再起，讓自己的心智更加堅韌。

我也有小孩，所以我懂為人父母捨不得孩子吃苦的心情。可是，比起讓孩子一直待在安全的家裡玩耍，讓他出去外面玩、多少受點傷，孩子才會堅強。當然，有時孩子也會哭著回來，身為父母也會擔心受怕，但如果你真心在乎孩子的未來，就必須給他們出門歷練的機會。此時最重要的就是，讓孩子去旅行的方法。

「讓錢去哪裡歷練？」是嚴肅的問題

如果你讓孩子去充滿暴力、毒品、性侵的城市留學，必須想到孩子總有一天也會被那樣的環境污染，變得缺乏道德觀，最後精神失常。即使是表面上看來治安很好的城市，背地裡也可能充滿了欲望與暴力。這樣的地方到處都是，特別容易出問題的是導致精神崩潰的毒品。

精神健全的人，無論失敗幾次都能重新再來過；但孩子如果精神失常的話，連自我反省都做不到，更不可能憑著一己之力重新振作。也就是說，要將孩子送出去旅行時，最重要的是先仔細挑選環境。

接下來，我們把孩子換成金錢來思考看看。

就算你現在擁有的財富很少，也要當成自己的孩子般疼愛；畢竟那是你以自己有限的人生換來，用來改變今後人生的軍費。

現在想想，你要把你的孩子（軍費）用在哪裡？

最糟的情況就是，事前沒經過深思熟慮，就把錢隨便送出去。你聽到別人說某些金融商品的報酬率很好，就買了海外新興國家（稅率低或免徵稅的地區和國家）的金融商品、新上市的虛擬貨幣、聽說放著也會賺的工具或系統。這些都是最糟糕的情況。

我從未看過投資這些東西的人真正成功賺大錢。這些商品背後一定都有能挑起人們欲望的宣傳內容，例如：低利時代罕見的高收益、改變時代的先進遠景、輕鬆賺錢的商業計畫……本書讀到這裡，你應該覺得自己不會再上當受騙了，但我還是要提醒你一句：「跟隨短期的欲望行動，你只會被人當成肥羊宰。」結果就是，孩子被當成了人質，最後遭到殘忍殺害。

靠錢解決問題，並不是最好的方法

所有挑起你的欲望或煽動你的不安，之後再找上門來的商品，基本上都不值得投錢進去。真正會賺錢、能帶來成果的商品，幾乎不會事前就在大街小巷敲鑼打鼓宣傳。如果是股票，會在早期大眾（Early Majority）的懷疑下成長；如果是商業藍海，當事人更不會大呼小叫，只會想盡辦法獨占。

你必須小心的商品之中，最簡單好懂的例子就是減肥廣告。新聞網站上有很多寫著「PR」、「廣告」等小字的照片。照片上左右並列同一個人邋遢肥胖的樣子和變美變瘦後的樣子。如此戲劇性的轉變，就會吸引人上鉤。廣告標題上寫著：「只要使用本產品，你也能變瘦變美！」假設此時你正在努力減肥，試過各式各樣的方法都無法成功。你就會開始認為這個產品是你的救星。然而，就像你過去曾經用過的減肥產品，這個產並也不會讓你變瘦。遵照傳統減肥方法均衡飲食、經常運動、睡眠不足，成本遠比買減肥產品便宜許多，而且成功機率比較高。

當你覺得對方的廣告打動了你內心的自卑、欲望、不滿足、不安，就必須提高警覺。因為錢永遠不夠用，所以想要更多錢；因為想要每天和女人上床，所以希望得到女人的青睞；因為想要跟外國人說話，所以想學好英文。每個人都有許多欲望、不安、待解決的問題；也有不少人認為只要能夠解決這些問題，花再多錢他們都願意。但我認為：「解決問題其實用不著花錢。」這就是我的結論。

被金錢喜歡的人往往不花錢，所以錢會愈來愈多。他們會花心思解決問題，而不是靠花錢。立刻掏錢解決問題的人，等於放棄了動腦思考這個重要習慣。要動用你的寶貝孩子去解決的、唯有再三精挑細選的重要時刻。寶貝孩子（錢）是你不得已才能用的大絕招。

致富心法

31

在「財富源頭」附近占個好位置

俗話說「人有兩隻腳，錢有四隻腳」。錢這玩意在經濟活動中會不斷地在「消費者」、「生產者」、「物流業者」、「勞工」等多種角色之間來來去去。除此之外，也會在「政府」、「企業」、「個人」之間不停地來回。如果有人因為原油價格下跌而獲利，也一定有人因此而損失。錢會從某個主體往下一個主體移動，在世界各地馬不停蹄地流動著。我認為隨時提醒自己「錢在流動」非常重要。

在此先講一個與「金錢流動」有關的例子。

假設你拿五十萬日圓（約新台幣十四萬元）的閒錢去學電腦程式設計，準備了網域名稱和伺服器，設計出在雲端使用的軟體。這個軟體一共賣得一百萬日圓。你一開始投資的五十萬日圓變成一百萬日圓回到你手上，中間五十萬日圓的差額就叫「附加價值」。也就是出外旅行的孩子回到你身邊時，規模擴大了一倍。

你的錢在外面繞了一圈後增加，但一定還有其他人早因為你投資的五十萬而賺錢；在這個例子中就是你學程式設計的學校、提供你域名和伺服器的業者。他們在比你更早的階段就賺到錢了。

重點在於去思考「在你讓錢增加之前，早已經靠你拿出來的錢賺一筆的人是誰？」更重要的是，你必須盡量靠近財富的源頭，爭取更具優勢的位置。

舉例來說，假設有一家即將上市的新興企業，它的創辦人以每股一萬日圓的價格取得自家公司一千股股票當中的六〇％（持有股數六百股，市價六百萬日圓）。等到該企業上市之後，把公開募股價格訂為每股一千萬日圓（一千倍）的話，創辦人就能夠獲得五十九億九千四百萬日圓的未實現利益（市價六十億日圓）。公開募股的成交價總金額為一百億日圓。考量到企業的成長潛力，假如是受到高度矚目的IPO（首次公開募股），價值通常會比預估的更高，創辦人分到的獲利也將很可觀；光是實現其中極小部分的利益，也有幾億日圓。

這個例子可不是我在畫大餅，我只是把現在每個月都會實際發生的IPO事例簡化寫出來而已。公司在實際上市時會進行股票分割，把一股分成一千股之類的，因此每股的價格不是一千萬日圓，而是一萬日圓；而創辦人的持股數量就會變成一千倍，但持股仍占市價總額一百億日圓當中的六〇％，也就是六十億日圓，這個結果還是不變。實際上就是有這種情況。我再舉個極端的例子。臉書創辦人馬克・祖克柏（Mark Zuckerberg）在公司IPO之後，他目前擁有市值超過六兆日圓的資產。

另一方面，假設這家新興企業進行股票分割後的股價是一萬日圓，在股票公開發行時，你抽中購買IPO的資格，而且很幸運地買進該公司六百股的股票。之後你等股價漲成兩萬日圓時賣掉，此時的獲利只有六百萬日圓（約新台幣一百六十二萬元）。雖然你同樣投資六百萬日圓在高風險金融商品上，但與企業創辦人的獲利相比，明顯地相形見絀。

當然，創業者往往是抱持著背水一戰的心態，辭掉上班族的穩定工作後創業；過程中可能還當過貸款的連帶保證人，準備好的資本金有很長一段時間不能動用。他們經常把雞蛋全放在一個籃子裡，將銀彈全都用來集中投資一家公司。

因此，前面提到的新興企業創辦人，與後來那位能夠自由投資贖回的個人投資客，兩人所背負的風險完全不能相提並論。

我在此想強調的是，儘管如此，兩人得到的回報差異也未免太大。也就是說，企業創辦人比較靠近財富的源頭。

持續尋找財富的源頭

另外講個例子，我們來談談買地。土地原本不屬於任何人，自然存在某地，完全零成本。假如能夠賣掉零成本的土地賺錢，你覺得如何？將會帶來相當龐大的利潤吧。

不動產投資都是由我親自操盤，因此我會定期查看各國上市不動產開發業者的決算書。我注意到不同國家和不同開發商的毛利率相差甚遠，因此得知毛利的差異主要是因為土地取得的成本不同。

舉例來說，杜拜原本是一整片沙漠，而且是君主制國家，土地是屬於皇室的東西。我注意到他們官方民間合作經營的企業，用幾乎免費的方式從皇室手上取得土地。杜拜的不動產品質很好，價格與世界各主要都市相比遠遠便宜許多，這對投資客來說是非常有利的交易。也就是說，因為當地的土地取得用不著花費大把成本，所以能夠以比其他國家更便宜的單價購得高品質的不動產。

但是，我這時突然想到，最靠近財富源頭的不是我，而是把免錢土地改造後賣掉的杜拜不動產開發商。明白這個事實之後，我迅速養成了尋找財富源頭的習慣。

我在這一段想說的重點是：既然錢在全世界到處流動，你我雖然能夠想到幾個方法介入錢的流動，但介入的方法也有祕訣。在你我賺錢時，我們的背後通常還有賺更多錢的人存在。如果你沒搞懂這個道理，永遠會被當成肥羊痛宰。也就是說，**你必須取得靠近財富源頭的位置，否則無法期待財富能有爆增的一天。**

來自朋友的案子百分之百拒絕

我在前面的例子中提過，假設你有一筆五十萬日圓的閒錢，如果你決定拿來開發跟垃圾差不多的商品，或是對錯誤的客群打廣告，這五十萬日圓就不會變成一百萬日圓回到你手上，而是會死掉。**不管是錢或孩子，都必須用正確的方式送去歷練。把它或他放在危險的場所，不是愛的表現。**

提到危險的場所，朋友的介紹往往會讓你降低防備，因此格外需要注意。近年來，虛擬貨幣問世，民眾接二連三把錢投入號稱「新虛擬貨幣」的新興垃圾幣（虛擬貨幣中，市場價格最低、投機性最低者）。這麼做的起因似乎就是身邊親朋好友的唆使，因為聽到好友大聊賺錢的夢想，所以才跟著一起跳下去。在那個當下，你把對這位朋友的信任轉移到虛擬貨幣上頭。問題是，根據我過去的經驗，朋友的邀約從來不曾讓我賺錢；即使對方在本業工作上事業有成，即使對方是有錢的前輩或有實際業績的朋友都是如此。

另外，除了新興的虛擬貨幣之外，還有健康方面的多層次傳銷、新興宗教事業、未上市股票的投資……類似的情況經常發生。這時如果是不認識的陌生人上門介紹，你就會拒絕；但如果是好友推薦，你就會喪失拒絕的判斷力。同樣地，只要是名人介紹，民眾往往也會盲目相信。

從結論來說，**最親近你的人介紹來的案子，毫無例外都會讓你變肥羊。把那些東西推薦給你的朋友本身也多半是受害者。**你必須百分百拒絕，否則大家都跟著一起受騙。

問題是，你會對身邊親友都在投資或接觸的事物感到好奇，這是不爭的事實。你必須格外小心，避免鬆懈警戒。最重要的是，即使對方是朋友，對於自己以外其他人的事情，你都不該有太強的好奇心。你只需要解決自己面臨的問題即可。

淘汰那些沒有通過時間考驗的東西

我在這裡介紹一個可以避免你成為肥羊的強力試金石，就是：想想你打算投資的對象，是否經歷過時間的考驗？只要想想這一點，你就能夠守住你的錢。

我舉個例子。過去一講到部落客、YouTuber、短線交易者等，世人只會認為這些都不是正經的工作。以前一說自己的工作是「部落客」，就會被誤以為是家裡蹲的無業遊民。

考慮到這類工作不屬於任何團體，收入也不穩定，會受到這樣的批評也是理所當然的。但是，現在情況又是如何呢？短線交易者、部落客、YouTuber 經歷過多年來「時間的考驗」，現在已經逐漸受到認同，成了一項正經的職業。

我在這裡想說的是，「存活很久的東西，比較容易評估」。相反地，沒有經過時間考驗的東西，往往多半摻假。假貨無法通過時間的考驗。因此假貨們會在有限的壽命之內，盡量多抓住更多肥羊。所以請各位這樣做：**沒有經過時間考驗的東西請立刻排除！這是避開假貨最簡單的原則。**

只要遵守這項原則，你至少不會投資新興垃圾幣，也不會受到名人或好友的煽動而賠錢在可疑的投資上。

一個東西能夠長久存在，必然有一定的道理，也多半證明這個東西不是假貨。我當然不是說當你看到對方歷史悠久有傳統，就可以盲目追隨，這一點我在前面談知名投資銀行的金融商品時也說過。你不應該盲目相信傳統和歷史，但這至少能避免你被垃圾幣這類東西欺騙。

致富心法
32

真正的有錢人不會讓錢待在原地

看到我這樣提醒，你或許會擔心努力存到的五十萬日圓拿去投資，不一定會變多回來吧？何況把錢拿去投資，錢就會暫時離開你。有人會因此感到害怕，而不想讓錢離開自己的手邊。

但是，假如你真心想當個經濟強者，讓錢去進行一趟投資之旅是無可避免的過程。

把錢存著，是成為有錢人最爛的做法。

我已經說明過了，你能夠靠一般薪水存下來的金額有限，光靠存錢無法讓你成為有錢人。

我在過往的人生中，也不曾把錢存著不用。這樣做就像把錢這個可愛孩子關進冰冷的地牢，不過是你的自我滿足，並不會使錢成長。

對人體來說，感冒藥等藥品原本是異物，所以有一定的用量規定；不遵守規定就會產生副作用陷入危險。也有不少人因為服用不同種類的藥物過量而殞命。

但是，只要我們正確用藥，就能延年益壽。事實上人類的壽命之所以能夠延長，有很大的原因也是因為開發出前所未有的治病藥物。

錢因為「改變模樣」而變多

錢的使用方式也是同樣的道理。錢必須使用，至於會變成良藥或毒藥，端看個人的使用方法。方法一旦出錯，你的確有可能墜落深淵。即使你已經成了有錢人，假如你做出拿整疊鈔票打人這種事，的確會下地獄。但是，謹慎思考用錢的方法，讓錢去旅行的話，你的人生就會出現戲劇性的好轉。

另外，**錢和血液一樣都會循環。血液循環不好，人類很容易死掉。同樣地，只要錢停止循環，你將面臨經濟上的死亡。**因此水庫式經營很重要。但是光靠攔河堰擋水，無法使你成為有錢人，儲水就是為了之後的放水。錢在增加的過程中，勢必會離開我們身邊，變成其他商品、服務或其他資產的模樣。這個暫時的「改變模樣」就是關鍵。

我將手上的現金與其他資產相較，發現自己持有的不動產和金融商品遠超過現金。我知道那是因為錢經歷過多次外型的變化，最後增加一兩倍回到我手上。具體來說，讓錢出去旅行的過程，使我學到很多事；如果沒有做不動產投資，我不會去看開發商的決算書；如果沒有買股票，我也不會關心股價變動的主因。

也就是說，所謂「用錢」，就是決定自己要認真學習哪個領域。當你開始做生意，自然會去關心相關的領域；開始投資，自然想去深入了解相關的事宜。**所謂錢的使用方式，就是你的前進方向。**請務必記住這一點。

花錢的時候，「嚴以律己，寬以待人」

離開日本之後，我的生活改變了。

一開始我也提過，基本上我個人每個月的日常生活花費是一萬泰銖（約新台幣九千兩百元）。

我目前的淨資產差不多有七十億日圓。可是今年因為市場崩盤，我也不可能全身而退，所以資產幾乎沒有增加，光是要維持現狀就得費盡全力。儘管如此，我明明有那麼多淨資產，每個月卻只花一萬泰銖，各位或許會覺得我很小氣吧。

如果這樣叫做小氣，就姑且當作是這樣吧。

但我對自己以外的人，該花錢的時候絕不會手軟。舉例來說，我們回到日本時，跟朋友或家人聚餐，這時候點的餐點和酒一定全部算我的；我不會在乎餐廳菜單上的價格，甚至會選最貴的套餐，我一直沒有改掉這個習慣。另外，我在曼谷和妻子小孩一起上館子或去百貨公司時也一樣，家人需要的東西我會盡量滿足他們。我們原本預定今年春天在馬爾地夫舉行婚禮，可惜受到疫情影響，飛機停飛，只得作罷。只是我們原本要招待幾十位親戚的機票和住宿，所以已經花掉幾千萬日圓了。

我現在不再像以前那樣靠撒錢排解壓力，但只要是我認為對自己人生非常有意義的場合，仍然會爽快地花錢。

就我自身的原則來說，只有用在我自己身上的支出，我才會連一毛錢都斤斤計較；對於身邊的人，我不會讓他們感覺到任何金錢的負擔，因為我不想讓家人操心錢的事。

而且，只把錢用在重要的人身上，完全不為了自己花錢，這麼做能讓我置身在幸福的環境中。我可以控制自己忍著不花錢，事實上這很容易。相反地，只要錢能夠為身邊的人帶來笑容，光是看到他們的笑容，我也會很幸福，這也是我賺錢最大的動力。

而且，太小氣導致家庭關係、人際關係失和的話，只會影響到自己的表現，這是最損人不利己的情況。因此在用錢時，我希望各位嚴以律己，寬以待人。如果反其道而行，你就會處處碰壁。

別迷信超自然事物

話說回來，世上有很多人在乎財運。經常聽到像是「擺放鈔票時正反面統一，才能提升財運」、「使用這款皮夾可以提升財運」之類的說法。其他還有能量石、風水、占卜、抽籤……各種真偽難辨的招財方法。老實說，我完全不信這類超自然的東西。錢才不會單憑你的念力就增加；錢是更現實、更真實的東西，不是向老天爺祈禱就會掉下來。

如果不起身採取具體的行動，尋找財富的源頭，你的錢就不會增加；如果你沒有小心翼翼避開社會上的各種陷阱，也無法守住錢財。

還有一點，錢不是隨賺即有。有的人即使現階段經濟充裕，花錢如流水，還是有可能下一秒就拿不出錢來。在你不以為意的情況下花掉的那些小錢，最後全部加總起來，往往會是讓你欲哭無淚的龐大金額。

因此，如果你打算花錢購買能量石、護身符等東西，應該立刻停手。前不久有一則藝人被洗腦的駭人新聞傳遍大街小巷。世上總有一群人熱愛無止盡地布施，或捐款給宗教團體與特定對象，任由對方予取予求。對吃軟飯的男人產生母愛本能的女性，在奉上大筆金錢後反遭對方利用的例子也時有耳聞。

多數養小白臉的人，說好聽是心地善良；這類單純又直接的人基本上不會懷疑別人，所以容易上當受騙，也最有可能吃虧。如果沒有遇到壞人還好，但基本上人類這種生物，只要身邊有好操弄的人，就不會放過機會。因此我們一開始就不應該期待對方會善待自己，一定要預設對方有可能會把自己吃乾抹淨，連骨頭都不剩。

對超自然、神祕學深信不疑的人都有「確認偏誤」[39]，一旦相信某個東西，即使聽到或看到惡評，他們也只會收集對自己有利的證據，完全無視不利自己的證據。遇到這類型的受害者，批評他們深信不疑的東西，只會引發他們的反感，讓他們更固執地繼續往錯路走下去，堅定不回頭。

正如《論語・學而篇》所云：「過則勿憚改。」發現錯誤永遠不嫌太晚。發現走錯的那一刻馬上換到正確的路，才是最重要的。

39 confirmation bias，個人選擇性地回憶、蒐集有利細節，忽略不利或矛盾的資訊，來支持自己已有的想法或假設。

養成預先想好「最糟情況」的習慣

致富心法 33

「逃避現實」只會讓你的問題更糟

即使你自認絕對不可能犯下確認偏誤這種錯誤，還是有可能輕易犯下這種錯。我平日也經常注意自己是否陷入了確認偏誤。

比方說，投資股票時，只注意股價上漲的消息，並依此判斷應該繼續持股；在杜拜的不動產上投資很多錢，看到杜拜前景一片看好的新聞，心情就會大好。

問題是，我持有的股票股價不一定會上漲，杜拜未來的發展也有可能是一片黑暗。此時最重要的是做好準備，讓自己無論遇到什麼情況都能應付自如；即使最壞的情況發生，你的損傷也不至於致命，這才是重點。

如果我叫你想像負面的狀況，你一定會覺得很簡單；因為人們往往過度自信，自認已經事先評估過所有情況。然而預測負面情況，並不如你想得那麼簡單；因為你採取行動時，心裡其實確信自己一定是對的，不會失敗。懷疑自己的決定，預設最壞的情況，並非一般人天生就具備的避險本能。

因此，**我們必須經常主動去懷疑自己所相信的事情，告訴自己「凡事沒有絕對」，經常預設可能發生的最糟情況，同時讓自己在面對各種情況時都能存活下來，重新建立對自己有利的狀態**。所以我們需要做的是降低期待值，別放縱欲望，別想著要馬上賺大錢。

當然我也很想相信自己過去做過的決定和行動正確無誤，也會覺得懷疑自己的決定像是在否定自我。但是，我們本就該對自己的行為存疑。懷疑自己過去這麼多年來所做的一切有可能一開始就不正確，否定自己過往的所作所為。這麼一來，你至少就不會把錢浪費在超自然、神祕學等無用的東西上，也不會被人一直利用。

定期複習「最糟糕的情況」

假設你現在透過複利效果賺了錢，水庫裡儲了不少水，還是必須記住「好景不常」這句話。如果持續好幾個月不下雨，水庫裡的水總有一天會枯竭。

目前因為新冠肺炎疫情的影響，愈來愈多企業關門大吉。假如日本防止病毒擴散的政策導致經濟停滯，將會有更多公司倒閉。說得直白一點，那些倒閉也不奇怪的公司之所以會在此時倒閉，疫情只是間接原因，只不過是財務體質虛弱的公司終於在這個時間點撐不下去罷了。

仔細想想，事先預設會發生這類情況，是成為有錢人的必要條件。這次的疫情迫使產業界汰弱留強。存活下來的公司與個人，早就預測到這類最糟情況可能發生。至於那些原以為前景一片看好而不斷擴大公司規模，或生活奢華浪費的人，在現今這般嚴峻的環境下，當然有很高的機率無法生存。

我對金錢原本就採取負面思考的態度。我認為如果不採取行動，人生只會走向愈來愈壞的局面，畢竟就連呼吸也要花錢。因此我經常預設最糟的情況並做好準備。或許這是因為我以前太過樂觀，後來得到了慘痛的教訓，所以我現在仍有陰影。

因此，我才會注意到這次的疫情規模非常龐大，而且有可能拖很久，而我也為此做好了準備。我解約了部分投資基金轉為現金，也一直在思考如果這種情況長期持續下去，我應該做哪些生意與投資。

前面我也重複提醒過很多次：「別輕易辭掉公司的工作」、「創業別選擇需要組織的高風險事業」、「一時的賺錢完全不可信」……

這些提醒都是因為我希望各位預先設想最糟糕的情況並做好準備。資產運用的術語中有個專有名詞叫「避險」，意指避開價格變動的風險。我希望各位隨時要懂得避險，避免陷入賠錢的情況；即使沒有收入也必須活下來。

假如你搞到債務不履行或精神崩潰，等於捨棄未來再度獲利的機會。只要你平時預先模擬資產或收入銳減的情況，自然會避免無謂支出，準備應付緊急情況的糧倉。

手邊的錢等同你的命

這麼一想，你就會明白現在賺的錢、存下來的錢有多重要。現在你手邊的錢等於你的命。賺錢沒那麼容易，守財也沒那麼簡單。你絕對不能小看眼前的任何一塊錢。

口渴時打開冰箱就有十瓶一．五公升寶特瓶裝礦泉水的話，人人都會大口暢飲。但如果你只有小半瓶水，喝水時就會做好規畫，避免一次喝光。

金錢也一樣。請以沒錢為前提，事先做好準備。根據我的經驗，人類基本上就是手頭有錢就會全部花掉的生物。我之所以買很多不動產，也是因為只要手邊有現金，我就會全部花掉，包括用來買無用的東西。

當初買不動產時，我告訴身邊所有人：「我把錢埋在土裡了。」埋在土裡，就沒有那麼容易拿出來。不動產的流動性其實很低，無法立刻轉換成現金，也不會有人這麼做。但我沒想到當初埋在土裡的不動產，竟能給自己帶來房租收入，而且我住在自己的豪宅裡，因為我就是房子的所有權人，也不用浪費錢付房租。

就像這樣，賺來的錢在得手的那一瞬間，我就會當作那筆錢「沒了」。我認為這就是生存的祕訣。

再加上我知道自己不會永遠賺錢，也開始強烈意識到好景不常，所以我絕對不把錢用在與短暫欲望有關的無用物品上。

即使有想要的東西，我也會等到明天，不會今天馬上就買。先給自己一段考慮的時間。結果絕大多數放到明天的東西，我就不會想要了。我再也不會被賺錢的好消息欺騙，或聽從誰的建議去貸款。

之所以會聽信那種話，代表你沒有經濟壓力。一旦沒有經濟壓力，人就會順從欲望思考。問題是，人生比我們想像得更長。而且人生不是只有壞事，有時也會有好事發生。但是順從欲望行動，不但會導致經濟上、精神上的崩潰，也會害你只能看到漫長人生中陰暗的一面。

所以，投資股票或虛擬貨幣的時候，必須不停地深思熟慮，直到你覺得即使那筆錢就算打水飄也不後悔時再買。然後，只有好計畫還不夠，即使再怎麼深思熟慮，仍然有可能損失大半金錢，希望各位記住會有這樣的風險。

即使最後賺了錢，為了存活下來，你仍要繼續少量投資。**你想要賺大錢，就會增加投資金額；投資金額愈大，證明你的期待愈大；你愈期待，就愈容易以賺錢為前提採取行動。一旦你的行動準則是基於「尚未實現的獲利」，一切齒輪就會亂掉，導致事情的**

發展荒腔走板。你能夠相信的只有實際入袋、誰也拿不走的已實現利益。胡思亂想等你真的賺到錢之後，再做也不遲。

觀察真正的有錢人如何花錢

我必須說，有錢人當中其實有很多小氣鬼，這是稱讚的意思。這些人不是單純的小氣，而是認真面對、仔細考慮每一筆錢的用途。**假如你看到有錢人去購物或請人吃飯，那筆錢一定花得有意義。假如你遇到正在發錢的有錢人，撒錢舉動的背後也一定另有所圖。**相反地，花錢時沒經過思考、隨隨便便就大撒錢的有錢人，早晚會破產。

因此，如果你以為向有錢人哭窮，他就會把閒錢分給你，那可就大錯特錯了。網路上經常看到有人向有錢人哭窮，那只是在浪費時間，千萬別這麼做。我會這麼說是希望你不要浪費時間與精力，而非出於倫理道德。有錢人對金錢的態度往往比你想像得更嚴謹，他連一塊錢也不會多給你。

同理，請求別人投資或融資的場合也一樣。只要出資者不覺得交易划算，就不會提供資金給走投無路的人或公司。

錢會聚集在已經有錢的人手上，反之，它也會遠離沒錢的人。也就是說，錢不會到有需要的人手上，而是會往已經不需要更多錢的人那裡集中。錢就是喜歡故意反其道而行。

錢有自我增值的特徵；努力儲蓄創造軍費的人就能夠吸引知識和好點子，讓下一批錢再度聚集過來。相反地，錢會離開不努力存錢創造軍費的人。

就結果來說，經濟必須靠自己努力、自行負責。如果必須下跪懇求別人投資、融資，就代表你沒戲唱了。讓我來說的話，路已經走到盡頭。

為了避免這種情況發生，你平時就要記得這個世界不會幫助任何人，認真面對金錢，用心建立資產。

致富心法

34

守護重要的家人，
為喜歡的人全力以赴工作，
只做自己想做的事，
好好地活下去

我現在的生活總算擺脫了「人際束縛」。

當初我剛離開日本時，多少還是會受到過去人際關係的影響，經歷過幾個階段後，那些影響已經逐漸減少。當我終於完成了人際關係的斷捨離，我才終於擁有真正的自由。走到這一步的路途十分漫長，有時也需要忍耐。

我為什麼要把「人際束縛」排除得一乾二淨呢？

舉例來說，在組織裡工作，一定有人會偷懶。大家都習慣把責任推給別人，例如：「社長會幫忙處理」、「某某執行董事會幫忙」，而社長也會期待「員工會全部幫我處理好」。如此一來，就跟鐵達尼號一樣，所有人最後只會一起沉入海底。

我喜歡專注在一件事情全力以赴，全心全意面對一項工作。說到工作，根據「鏡的法則」[40]，認真的工作態度會投射在周遭的相關人士身上，逐漸加強正向循環。

但組織中如果有人偷懶，就沒戲唱了。認真投球時，如果對方投回來的球軟綿綿地感覺不到力道、缺乏速度，我們就沒必要和這種人共事。

所以，我選擇獨自工作這條路。一個人就是全部，不需要依賴誰、服從誰、猜測誰。我從所有壓力中解放，只選擇做自己真正想做的事，而且能夠專注。

於是，我第一次展現自己的個性。人的個性一旦解放出來，有的人會畫畫或演奏音樂，有的人外出旅行或全心全意打電動。我則是沉溺在有老婆小孩的生活中，收集家人的照片；因為覺得投資有意思而每天不停地學習。讓這樣的個性自由發揮，又為我創造出新的財富。

珍惜為自己認真工作的人

這世上當然也有少數人是願意真心為你工作。對於這種少數人你要格外珍惜。和他們一起工作也是會讓金錢愛上你的生活方式。認真工作的人湊在一起，一定能夠創造出好商品或好服務，也會帶來新的財富。

但是，我也真的覺得這種人少之又少。認真交付靈魂工作的人，依我所見，幾乎不存在。大家都是隨便應付工作，就算沒有其他副業兼差，光是本業一份工作也做不好。也就是說，能夠稱為「一流」的人不是那麼多。如果是這樣，至少我自己要誠實面對自己的工作。因此，我選擇獨自行動。

40「人生」是反映內心世界的一面鏡子，出自日本作者野口嘉則的暢銷書《鏡的法則》。

現在，與妻子小孩共度的每一個瞬間，都讓我感到幸福。守護無可取代的重要家人，跟喜歡的人全力以赴工作，只選擇自己想做的事，這樣的生活方式，我想就是讓金錢喜愛你的重點。

當然，你還需要擁有名為淨資產的經濟水庫；這次的新冠肺炎疫情使得全人類都認清了這個事實，沒人料到自己的事業會突然停擺。

好了，寫到最後，我想說的是：要常保自信。你是否相信自己可以存活到最後？我對自己有著過人的自信，我認為：「無論再艱難的困境，我都能夠突破！」所有危機我都憑著一己之力跨越過來了，而且還把危機當成心靈的糧食，轉化為正面的力量。

危機就是轉機，我打從心底這麼認為。因為我對自己有自信，相信接下來不管發生任何事都能跨越。累積經驗就能培養出這種自信；沒有經驗背書，所有自信都只是自我感覺良好罷了，一旦遇上危機，自信立刻就會瓦解。

累積經驗建立自信沒有捷徑可走，即使你聽過別人的經驗也沒用。正因如此，我才會希望你挑戰自我，累積許多成功與失敗的寶貴經驗。

成功與失敗只有一線之隔。最後能否成功，端看你是否擁有堅韌的心智，徹底相信自己一定可以跨越所有困難。衷心期待讀完這本書的你成為真正的成功者。

後記

本書的內容，全都來自於本人親身經歷。

走到現在，我體驗過許多，累積了數也數不完的失敗，現在也仍舊經常失敗。

或許有人讀完這本書會心想：「原來錢是這樣增加、守住的啊！」

但是人類這種生物，不是親身經歷學到的教訓和知識，往往很容易忘記。我本身愛看書，也讀過不少書，每天都深刻感受到：若要真正掌握作者想表達的理念，就需要更深刻的精神支柱，需要親身去體驗那些內容。

我在某本書上看到世界知名的投資專家股神巴菲特（Warren Edward Buffett）說過：「不管我們是多麼優秀的企業，也無法從過去的業績賺到半毛錢。」當時我心想：「原來如此。」

讀那本書時我十分認同書上的內容，實際上卻沒有掌握到作者真正想說的話。直到最近投資股票失利，才真正體悟到那句話的意思。

體驗過失敗之後，我重新思考巴菲特那句話，這才明白他要講的是什麼。巴菲特真正的意思是：「一家企業過去的業績很好，不代表未來也很好。」這句話道盡了我所投資的公司的現況，讓我有了更深刻的體會。

名言，尤其是歷史偉人的名言，都很有分量。

但是，我們必須親身經過無數的經驗與失敗，才能真正了解名言的含意。不管名言再怎麼美妙，少了親身經歷，就無法真正內化為自己的東西。

在這層意義上，我認為行動很重要。實際起身行動、經歷失敗、受過許多小傷，唯有這樣的累積才能夠改變一個人。各位也必須親身去體驗，才能完全發揮從這本書獲得的諸多知識。想要了解財富，就必須切身體會金錢的真理。

人在困境中才會成長，唯有經歷過試煉才會長大。沒有哪一個成功者不曾走過逆境；倘若人生中只有順境，只會跟著眾人隨波逐流，這樣的人稱不上真正的成功。失敗和逆境都是成功重要且珍貴的基石。

假如你讀完這本書之後有任何感想，我希望你趁此機會親自去感受成功與失敗，體驗痛苦與喜悅。

但是，就算你鼓起勇氣起身行動，還是需要花上幾年時間才能改掉過去學會的依賴他人與推託責任的不良習慣。我可以告訴你大概要花上十年。因此，你在心裡許願想要成為有錢人並認真展開行動之後，無可避免需要忍耐很長一段時間，才能得償所願。在這段期間，你將嘗遍各種酸甜苦辣。

這個過程絕對不容易，我只能說：「一切端看你願不願意去做。」否則，讀完這本書，你也不會有什麼改變。這就是我最想告訴各位的事。

二〇二〇年四月　與澤翼

|本書作者|

與澤翼

✶

日本知名投資家、企業家。一九八二年十一月十一日出生,埼玉縣人。
曾為日本暴走族,卻突然發憤考上早稻田大學。二〇〇七年三月畢業於早稻田大學社會系。他在就讀早大時,曾經兩度創業並因此受到媒體矚目,被稱為「秒賺一億的男人」。靠股票投資贏得香車、美人、直升機。隨後又經歷破產,卻用十萬日幣(約新台幣兩萬八千元)再度逆轉勝。多次谷底翻身的經驗讓他聲名大噪。
二〇一四年移居新加坡,二〇一六年移居杜拜。目前以個人投資家的身分活躍於股票、不動產、外匯、虛擬貨幣、公司債、保險、信託等領域。在馬來西亞、菲律賓、泰國、阿拉伯聯合大公國、日本等五個國家擁有四十戶高級不動產,租金收入頗豐。買房全都是以現金一次付清購買,不靠貸款。淨資產總計約七十億日圓(約新台幣十八億九千萬元)。

・Twitter
https://twitter.com/tsubasa_yozawa

・Instagram
https://www.instagram.com/tsubasayozawa

・Facebook
https://www.facebook.com/tsubasayozawa

・Blog
https://yozawa.blog

・YouTube
https://www.youtube.com/c/TSUBASAYOZAWA1111

thinkin' tank

thinkin' tank

thinkin' tank

thinkin' tank